The beautiful tiny needlework

愛らしい加賀のゆびぬき

寺島綾子

日本文芸社

絹糸から生まれる、美しい無限のもようを楽しんで

縞もよう、三角形や四角形が連続する幾何学もよう、
ハートや薔薇、りんごやつばめ。彩り豊かで美しいもようは、どれも
絹糸を上下ジグザグにかがってつくる、加賀ゆびぬきのモチーフです。

加賀ゆびぬきは、今でこそほとんど見られなくなりましたが
もともと加賀友禅のお針子さんがはぎれや余った糸でつくっていた
裁縫道具として伝えられてきました。

一見複雑に見えるもようも1本の絹糸を規則的にかがっていくという、
実にシンプルな手作業から紡ぎ出されています。
小さな限られた空間に、つややかな絹糸の流れと鮮やかなもようが
完成したときのよろこびと達成感は、加賀ゆびぬきならではのもの。
色を変えて、分割を変えて。それができたら今あるもようを
なにかに見立てて、自分だけの加賀ゆびぬきづくりを楽しんでみませんか。

contents

はじめに · · · · · · · · · · · · 2

LESSON
01
TRADITIONAL PATTERN
伝統もよう

UROKOMOYOU　うろこもよう
二色うろこ · · · · · · · · 6／48
四色うろこ · · · · · · · · 6／59

YATARAJIMA　矢鱈縞
白菫 · · · · · · · · · · · · 7／58
菖蒲 · · · · · · · · · · · · 7／58
牡丹 · · · · · · · · · · · · 7／58

HASUKAI　斜交
黄昏 · · · · · · · · · · · · 8／50
炎 · · · · · · · · · · · · · · 8／59

GENROKU　元禄
桃の元禄 · · · · · · · · · 9／60
萌黄の元禄 · · · · · · · · 9／60

KISSYOU　吉祥
青海波 · · · · · · · · · · 10／52
縦うろこ · · · · · · · · · 10／61
矢羽根 · · · · · · · · · · 10／61

ICHIMATSU　市松
櫻の市松 · · · · · · · · · 11／54
宵の市松 · · · · · · · · · 11／62

KOTOJI　琴柱
橙 · · · · · · · · · · · · · · 12／56
翠 · · · · · · · · · · · · · · 13／63
蒲公英 · · · · · · · · · · 13／63
孔雀 · · · · · · · · · · · · 13／63

LESSON
02
MODERN PATTERN
モダンもよう

LACE　レース
パステル · · · · · · · · · 14／62
ヴァイオレット · · · · · · 14／64

ORIENTAL　オリエンタル
翡翠 · · · · · · · · · · · · 15／65
紅袍 · · · · · · · · · · · · 15／65
青花 · · · · · · · · · · · · 15／65

PATTERN　パターン
ハートブレイク グリーン · · · · · · 16／66
ハートブレイク ブラック · · · · · · 16／66
プリズム · · · · · · · · · 16／66

MULTI-COLOR　マルチカラー
万華鏡 · · · · · · · · · · 17／64
ガーランド · · · · · · · · 17／67
編み込み · · · · · · · · · 17／67

FLOWER　花
うす紅の睡蓮 · · · · · · 18／68
白い睡蓮 · · · · · · · · · 18／69
クローバー · · · · · · · · 19／69
ビオラ パープル · · · · · 19／70
ビオラ ブルー · · · · · · 19／70
ビオラ レッド · · · · · · 19／70
すずらん · · · · · · · · · 20／71
カーネーション ピンク · · 20／72
カーネーション ホワイト · · · 20／72
赤い薔薇 · · · · · · · · · 21／68
白い薔薇 · · · · · · · · · 21／69

VEGETABLE　野菜
みょうが · · · · · · · · · 22／71
とうもろこし · · · · · · · 22／73
すいか · · · · · · · · · · 22／73
アスパラガス · · · · · · · 23／74
えだまめ · · · · · · · · · 23／75
トマト · · · · · · · · · · 23／74

VIEWS　風景
入道雲 · · · · · · · · · · 24／76
青空 · · · · · · · · · · · · 24／76
ネオン グリーン · · · · · 25／77
ネオン ブルー · · · · · · 25／77
流星の夜 · · · · · · · · · 25／78

HALLOWEEN　ハロウィン
ハロウィン・ナイト · · · · · 26／78
おばけ · · · · · · · · · · 26／79

CHRISTMAS　クリスマス
トナカイ · · · · · · · · · 27／79
サンタのブーツ · · · · · · 27／80
クリスマスツリー · · · · · 27／80

LESSON 03
PATTERN OF FAIRYTALE
物語もよう

ALICE IN WANDERLAND
不思議の国のアリス

ハートの女王 ・・・・・・・・・・・ 28 / 82

THE LITTLE MERMAID
人魚姫

人魚 イエロー ・・・・・・・・・・・ 29 / 81
人魚 ピンク ・・・・・・・・・・・・ 29 / 81
くらげ ・・・・・・・・・・・・・・・ 29 / 83

THUMBELINA おやゆび姫

つばめ ・・・・・・・・・・・・・・・ 30 / 85
チューリップ オレンジ ・・・・・・・ 30 / 84
チューリップ ピンク ・・・・・・・・ 30 / 85

CINDERELLA シンデレラ

ビビデバビデブゥ ピンク ・・・・・・ 31 / 84
ビビデバビデブゥ ネイビー ・・・・・ 31 / 85
ガラスの靴 ・・・・・・・・・・・・ 31 / 86

RAPUNZEL ラプンツェル

三つ編み ・・・・・・・・・・・・・ 32 / 86
魔女の庭 ・・・・・・・・・・・・・ 32 / 87

SNOW WHITE 白雪姫

毒りんご ・・・・・・・・・・・・・ 33 / 87
魔女 ・・・・・・・・・・・・・・・ 33 / 88

HANSEL AND GRETEL
ヘンゼルとグレーテル

キャンディ ピンク ・・・・・・・・・ 34 / 90
キャンディ ポップ ・・・・・・・・・ 34 / 91
ワッフル ・・・・・・・・・・・・・ 34 / 89
チョコレート ・・・・・・・・・・・ 34 / 89

THE SNOW QUEEN 雪の女王

雪の結晶 ブルー ・・・・・・・・・・ 35 / 91
雪の結晶 ネイビー ・・・・・・・・・ 35 / 91
氷の欠片 ・・・・・・・・・・・・・ 35 / 90

LITTLE RED RIDING HOOD
赤ずきん

おおかみ ・・・・・・・・・・・・・ 36 / 92
赤ずきん ・・・・・・・・・・・・・ 36 / 92

BEAUTY AND THE BEAST
美女と野獣

深紅の薔薇 ・・・・・・・・・・・・ 37 / 93
真実の愛 ・・・・・・・・・・・・・ 37 / 93

COLUMN

雑貨に仕立てて楽しみましょう ・・・ 38 / 94

つくりかた ・・・・・・・・・・・・ 39
道具 ・・・・・・・・・・・・・・・ 40
材料 ・・・・・・・・・・・・・・・ 41

ゆびぬきのきほん

1　土台をつくる ・・・・・・・・・・ 42
2　もようをかかる ・・・・・・・・・ 46
3　並刺し ・・・・・・・・・・・・・ 46
4　開き刺し ・・・・・・・・・・・・ 47
5　色をかえる ・・・・・・・・・・・ 47
6　糸目を整える ・・・・・・・・・・ 47

地割り一覧 ・・・・・・・・・・・・ 95

UROKOMOYOU
うろこもよう
How to Make p.48, 59

四色うろこ

二色うろこ

LESSON

01

TRADITIONAL PATTERN
伝統もよう

加賀ゆびぬきのもようとして、古くから親しまれてきた伝統的な柄を紹介します。ゆびぬきの基本の技法を学ぶのにぴったりのものばかりです。

三角形で構成される、基本のもようです。コマ数を2の倍数で2飛びにすると2色のうろこ、4の倍数で4飛びにすると4色のうろこに。同様にコマ数と飛び数をかえれば、三色や五色になります。

コマ数…もようをかがるための目印。　飛び…もようの1単位。

YATARAJIMA
矢鱈縞
How to Make p.58

白菫

菖蒲

牡丹

縞の幅や色を不規則にかえる縞もようを矢鱈縞といいます。好みの位置で色を替えれば、アレンジも自由自在。同系色でまとめたり、シックな色合いに差し色を加えたり、自由に楽しんで。

HASUKAI
斜交

How to Make p.50, 59

黄昏　　　　　　　　　炎

基本の並刺しと、反対方向にかがり目を増やす開き刺しを交互に行うことで、その接点に縦方向の直線が生まれます。やわらかな斜めの線に対して、直線は力強くモダンな印象を与えます。

GENROKU
元禄

How to Make p.60

桃の元禄　　　　　　　　　萌黄の元禄

四角形を配した元禄もようは、並刺しと開き刺しを向かい合わせにかがり進めることで生まれるもようです。本書ではこの元禄をアレンジした図案も多く紹介しています。

KISSYOU
吉祥

How to Make p.52, 61

青海波

矢羽根

縦うろこ

おめでたいもようとして、古くから親しまれてきた3種。どれもスタート位置に戻るまで2周以上ぐるぐると刺す、まわし刺しの技法を使います。まわし刺しは上下対称のもようになるのが特徴です。

ICHIMATSU
市松
How to Make p.54, 62

櫻の市松

宵の市松

「二色うろこ」(⇒p.6)のつくりかたをベースに、途中で前にかがった糸をくぐりながらかがると市松もようが生まれます。くぐらせる本数を変えれば、3×3、5×5、9×9などバリエーションも可能です。

KOTOJI
琴柱
How to Make p.56, 63

橙

琴の弦を支える琴柱を模したもよう。ある程度できたもようの上から、さらに別のもようを重ねる、重ね刺しの技法を使います。重ね刺しを駆使すれば複雑なもようも表現できます。

　　翠　　　　　蒲公英　　　　孔雀

「翠」は「橙」よりも細かくもようが出る
ようにしたアレンジ。右2つは「翠」に、
さらにくぐり刺しの技法も加えて、2色の
菱形が連なる幾何学もようにアレンジしま
した。

LACE
レース

How to Make p.62, 64

パステル　ヴァイオレット

LESSON
02

MODERN PATTERN
モダンもよう

薔薇やすずらんなどの人気の花もようや、ハロウィンやクリスマスといった季節のイベントもよう、気分に合わせてつくりたい、楽しいもようがいっぱいです。

レースのリボンをイメージした繊細で女性らしいもようです。中央のアクセントカラーを刺してから、まわりを埋めるようにかがり進めましょう。「ヴァイオレット」は暖色系の色合わせにしてもすてき。

ORIENTAL
オリエンタル
How to Make p.65

(こうほう) 紅袍

(ひすい) 翡翠

(せいか) 青花

シノワズリーのビビットな色づかいを意識しました。この3つ、実はすべて同じ図案。左から4色、3色、2色でかがっています。縦の線を生かした元禄（⇒p.9）のアレンジです。

PATTERN
パターン

How to Make p.66

ハートブレイク グリーン

ハートブレイク ブラック

プリズム

ハートのギザギザは、糸を4段ずつ交互にかがって表現しています。プリズムは「萌黄の元禄」（⇒ p.9）の色違い。色をかえるだけで、まったく異なる表情になるのが加賀ゆびぬきのおもしろさです。

MULTI-COLOR
マルチカラー

How to Make p.64, 67

万華鏡

ガーランド

編み込み

「ガーランド」はうろこもよう（⇒p.6）をベースに、くぐり刺しを加えることで生まれる、斜線と三角形をガーランドに見立てました。「編み込み」もくぐり刺しの技法を使っています。

FLOWER
花

How to Make p.68-72

うす紅の睡蓮　　白い睡蓮

「薔薇」（⇒ p.21）の図案をアレンジして生まれた睡蓮。花の半分を背景色になる紺色の糸でかがることで、水面に顔を出した、睡蓮らしい気品のある横顔を表現しています。

クローバー

ビオラ パープル

ビオラ レッド

ビオラ ブルー

「クローバー」は「萌黄の元禄」(⇒p.9)のアレンジ図案なので、元禄を練習してから取り組むのがおすすめ。幾何学もようのように単純化した「ビオラ」は、さまざまな色合いでつくりたい作品です。

19

すずらん

可憐なすずらんの花は、くぐり刺しの技法で表現しています。「カーネーション ピンク」は「縦うろこ」（⇒ p.10）の応用図案。3段ずつ交互にかがることで、花びらのジグザグを描きます。

カーネーション ピンク　　カーネーション ホワイト

赤い薔薇　　白い薔薇

5段ずつかがっていくことで、花びらの重なりを表現しています。花びらの色はグラデーションにしてもすてき。誰にでも愛される薔薇のモチーフは贈り物にもおすすめです。

VEGETABLE
野菜
How to Make p.71,73-75

みょうが　すいか　とうもろこし

具象的なものを見立てるときは、本物をイメージしつつも、もようを際立たせる色合わせにするのがポイント。「すいか」は黒の糸をランダムにくぐり刺しして、種を表現しましょう。

アスパラガス

えだまめ

トマト

「アスパラガス」は本来斜めにかがるジグザグを、垂直方向にかがり進めることで、細長い身を描き出しています。「えだまめ」のカーブは、交互にかがる糸の段数を不規則に変えて表現します。

VIEWS
風景

How to Make p.76-78

入道雲　　　青空

大きさ違いの雲を2種類。雲の部分は
2色の白を使って、微妙な陰影が出るよ
うにしました。交互にかがる糸の段数を
不規則に変えて、雲のカーブを表現しま
しょう。

ネオン グリーン　　ネオン ブルー　　流星の夜

一見複雑に見える「ネオン」は、糸の色によってかがる幅をかえ、並刺しのみで仕上げる図案です。「流星の夜」は矢鱈縞（⇒ p.7）をベースに、くぐり刺しでビルのシルエットを表現しています。

HALLOWEEN
ハロウィン

How to Make p. 78, 79

おばけ　　ハロウィン・ナイト

「ハロウィン・ナイト」はうろこもよう（⇒p.6）をベースに、くぐり刺しで墓地のシルエットを描いた図案。オレンジ〜紫のグラデーションで夕空色にするとぐっと雰囲気が出ます。

CHRISTMAS
クリスマス

How to Make p.79, 80

トナカイ　サンタのブーツ　クリスマスツリー

くぐり刺しで表現するトナカイの角は、糸目をきちんと数えながら、正しい位置でくぐるのがコツ。うろこもよう（⇒p.6）をベースにした「クリスマスツリー」は、ビギナーさんにもおすすめです。

ALICE IN WANDERLAND
不思議の国のアリス
How to Make p.82

ハートの女王

LESSON

03

PATTERN OF FAIRYTALE

物語もよう

童話の世界からインスピレーションを受けた20モチーフを紹介します。さまざまな技法を組み合わせることで、ゆびぬきの世界は無限に広がります。

所定の位置でくぐり刺しをし、ドット絵の要領で4種類のトランプの柄を描いています。くぐか所が多く糸が乱れやすいので、1度くぐり刺しをしたら必ず糸目を整えるよう心掛けましょう。

THE LITTLE MERMAID
人魚姫
How to Make p.81, 83

人魚 ピンク

人魚 イエロー

くらげ

「人魚」は、波間に飛び込んだ人魚の鮮やかなしっぽをイメージした図案。「くらげ」は水中をたゆたうくらげの姿を、くぐり刺しで描き出しました。長い触手は不ぞろいにくぐりましょう。

THUMBELINA
おやゆび姫

How to Make p.84, 85

つばめ

チューリップ オレンジ

チューリップ ピンク

空を駆けるつばめと、おやゆび姫が生まれたチューリップ。まわし刺しから生まれる、三角形の組み合わせでつばめの翼と長い尾を表現します。「チューリップ」は花びらの色をかえて楽しみましょう。

CINDERELLA
シンデレラ

How to Make p.84-86

ビビデバビデブゥ ピンク

ガラスの靴

ビビデバビデブゥ ネイビー

「ガラスの靴」は「二色うろこ」（⇒ p.6）をベースに、ジグザグもようをお城の階段に見立て、そこにくぐり刺しでガラスの靴をプラスしました。「ビビデバビデブゥ」は、魔女のかけた魔法をイメージ。

RAPUNZEL
ラプンツェル
How to Make p.86, 87

三つ編み

魔女の庭

黄色のグラデーションで仕立てた「三つ編み」は、塔の上から見えるラプンツェルの豊かな長い髪を、ざっくりとした編み目で表現した一作。「魔女の庭」は「薔薇」（⇒ p.21）のアレンジ図案です。

SNOW WHITE
白雪姫

How to Make p.87, 88

毒りんご

魔女

「毒りんご」は「桃の元禄」(⇒p.9)の
アレンジから生まれたもようです。また、
「魔女」はカーブを生かして怪しく伸び
る魔女の手を表現し、そこにキラリと光
るストーンをあしらいました。

HANSEL AND GRETEL
ヘンゼルとグレーテル
How to Make p.89-91

キャンディ ピンク

キャンディ ポップ

ワッフル

チョコレート

「キャンディ」は矢鱈縞（⇒p.7）をベースに、くぐり刺しを加えてかがっています。また、「ワッフル」は「萌黄の元禄」（⇒p.9）や「青空」（⇒p.24）をアレンジし、糸のグラデーションで立体感を演出しました。

THE SNOW QUEEN
雪の女王

How to Make p.90, 91

雪の結晶 ブルー

雪の結晶 ネイビー

氷の欠片

女王が住む雪と氷に閉ざされた世界をイメージした2つのもよう。銀糸やラメ糸をアクセントに、冷たく光る色合わせがポイントです。「雪の結晶」の複雑なもようは、重ね刺しを駆使して。

LITTLE RED RIDING HOOD
赤ずきん
How to Make p.92

おおかみ

赤ずきん

大小の三角形の組み合わせを、ユーモラスなおおかみの横顔に見立てて、目とまっ赤な舌を刺繍で加えました。開き刺しで生まれる直線を、前髪に見立てて仕上げたのが赤ずきんの図案です。

BEAUTY AND THE BEAST
美女と野獣
How to Make p.93

深紅の薔薇　　　　　　　　　真実の愛

「深紅の薔薇」は「薔薇」(⇒ p.21)、「真実の愛」は「ハートブレイク」(⇒ p.16) のアレンジです。愛の物語にふさわしい、シックな色合わせにしました。薔薇は花びらを増やした大輪の薔薇です。

COLUMN　雑貨に仕立てて楽しみましょう

せっかくつくったゆびぬき。自慢して歩きたい！
雑貨に仕立てて身に着けてみるのもおすすめです。

How to Make p.94

つくったゆびぬきを身に着けるなら、好みのひもを通してチョーカーやロングネックレスにするのがかんたん。また、手首サイズの土台にかがるバングル（写真左）や、小さな土台にかがって仕立てるピアスやイヤリング（写真右）もおすすめです。

HOW TO MAKE
つくりかた

厚紙にバイアステープと真綿を巻いて土台にし、絹糸をジグザグにわたしてかがって表面を覆うのが加賀ゆびぬきです。なお、本書で紹介するゆびぬきはすべて土台の芯の外周7cmの寸法で解説しています。

製図、図案、配色・段数表と用語について

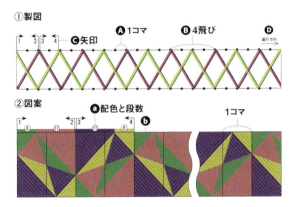

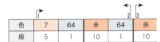

①**製図**：糸のかがり方を示す図。本来円形のゆびぬきを平面に展開しているので、図の右端は左端につながります。スタート位置を示す矢印から、どの幅のジグザグで1周かがるのかがわかります。

後から刺す糸を、前に刺した糸にくぐらせる「くぐり刺し」をすべての段で行う場合。

Ⓐ**コマ**：もようをかがる際の目印。土台1周を等分割する数で、1コマが1目盛分。24コマ=24等分を示します。また、この印つけを地割りといいます。

Ⓑ**飛び数**：かがる際に「上下1往復」で進むコマの数で、もようの1単位。上の製図では等分の印4つで1往復なので、「4飛び」になります。

Ⓒ**矢印**：かがりはじめの位置と順番、技法などを示します。

矢印の数…スタート位置の数。矢印が4つある場合は、スタート位置が4か所の意です。

矢印についた数字…スタートの順番。

矢印の方向…「→」（右向き）は、前の段の右隣に糸を並べ、進行方向にかがり目を増やしていく「並刺し」、「←」（左向き）は、前の段の左隣に糸を並べ、進行方向とは反対側にかがり目を増やしていく「開き刺し」を示しています。

矢印の高さ…「重ね刺し」を示し、高さの異なる矢印がある場合は、低いものから順に先に仕上げます。例えば、同じ高さの「1」～「4」は、基本的には1段ずつ順にくり返しかがり、

|1| |2| |3|
|4|　の場合は、|1|をすべてかがった後、次に|2| |3|を交互にかがり、その次に|4|と順番に仕上げていきます。

Ⓓ**進行方向**：糸をかがっていく方向。この本ではすべて右方向です。

②**図案**：製図とつくり方のとおりにかがり埋めた場合の、完成イメージを示す図です。

ⓐ**配色と段数**：矢印それぞれの配色を色帯で、それぞれの色でかがる段数を数字で示しています。例えば、上の図案の場合、|1|は緑糸で6段、|2|はピンク糸で11段、|3|は紫糸で11段、|4|は黄色糸6段かがります。なお段数は、土台の芯の外周7cmの寸法の場合の目安です。

ⓑ**糸目**：糸の方向を示しています。線の数は、目安です。実際の土台に合わせて調整します。

③**配色・段数表**：色違いの作品の場合は、配色とそれぞれの段数を表で示しています。太線は地割りの目印を表しています。

●**用語**

段：スタート位置からかがり進めて、またスタート位置に戻ることを「1段」と数えます。

↗↘：糸目の方向を示しています。かがる際に、↗は下から上に、↘は上から下に糸をわたす糸目の方向です。

39

TOOLS 道具

Ⓐ
かがり用針

もようをかがるのに使う針。絹縫い針の四ノ三から四ノ五がおすすめですが、長さは使い慣れたものに。通常は1本ですが、もようによっては、複数あると便利です。

Ⓑ
毛抜き

土台をつくる際、バイアステープを折り返すのにあると便利です。ピンセットなどでも代用可能。

Ⓒ
糸切りはさみ

糸の始末の際に使います。ゆびぬきが小さいので刃先が細いものがいいでしょう。

Ⓓ
はさみ

紙やバイアステープなどを切るときに使います。

そのほかに用意するもの

テープ………厚紙やバイアステープをとめるときに使います。メンディングテープがおすすめ。
両面テープ…地割りの印をつけた和紙や紙を土台にとめるときに。
ペン…………地割りや進行方向の印などをつけるときに。
　　　　　　　スタート位置の印は赤を使うとわかりやすいでしょう。
メジャー……自分のゆびのサイズを測るときに使います。

MATERIALS 材料

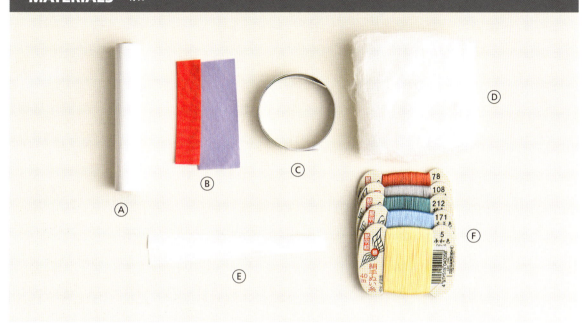

Ⓐ 筒
指の太さに近い、まっすぐで固い筒や棒状のもの。土台をつくるときに使います。マーカーやリップクリームなど身近なもので代用してもOK。

Ⓑ バイアステープ
土台をくるむのに使います。幅3cm程度のもの。折れているタイプも使えます。ゆびぬきの内側の色になるので、もようや糸色に合わせてコーディネートして。

Ⓒ 厚紙
土台の芯地に使います。幅1.1cm、長さ30～40cm。工作用の方眼つき厚紙がカットしやすいのでおすすめ。適度なサイズになっているゆびぬき用厚紙も販売されています。

Ⓓ 真綿
土台に巻いて、ふくらみを持たせゆびぬきの強度を高めるもの。まゆの繊維でつくられた、絹100%の真綿。シート状のものから引き出して使います。

Ⓔ 和紙
地割りの印をつけたり、真綿の上から土台に巻きつけます。幅1cm。適度なサイズになっているゆびぬき用和紙も販売されています。半紙などでも代用可能。

Ⓕ 絹手縫い糸
つややかで発色のよい、もようをかがるための糸。絹手縫い糸9号（都羽根、オリヅルなど）を使います。本書では金や銀の糸（フジックスメタリックミシン糸）や、ラメ糸なども使用しています。

ゆびぬきのきほん1
土台をつくる

もようをかがるための土台のゆびぬき。本書ではすべての作品を、土台の芯の外周7cmの寸法で解説していますが、自分のゆびのサイズに合わせてつくることもできます。

材料
バイアステープ（好みの色）　筒
紙　　　厚紙　　絹手縫い糸
テープ　真綿　　和紙

筒をつくる

1 メジャーを中指の第一関節あたりに巻き、寸法を測る。
＊第二関節や薬指など、つけたい位置でOK。

2 1の寸法に近いペンや筒を用意して、いったん紙を巻きつけ、円周を1の寸法に調整し、テープでとめる。

芯をつくる

3 2の筒にバイアステープを1周巻き、1〜1.5cm程度重なる位置でカットする。

4 バイアステープの折り山を開き、端を0.5cm折り返したら、折った側を外にして筒に巻きつける。

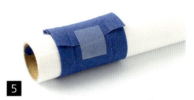

5 バイアステープはなかで筒が回る程度、ゆったりめにしてテープでとめる。

 土台が完成するまで筒からははずさずに作業する。

6 幅1.1cmに切った厚紙の端をバイアステープの中央にのせ、テープでとめる。その際、テープはバイアステープをとめた位置の反対側につける。

7 厚紙を3周程度巻き、スタート地点でカットしたら、テープでとめる。

POINT 段差をなくすよう、巻き終わり部分をはさみの持ち手部分などで押さえてならす。

8 バイアステープを指や毛抜きを使い、厚紙に沿って折り返す。

9

反対側も同様にして折り返す。

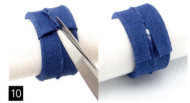

10

バイアステープの巻き終わり部分の、余分な布の重なりをはさみでカットする。

POINT 布が何重にもなっている部分を切り取ることで、平らでかがりやすい土台に仕上がる。

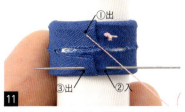

11

1本どりの糸を玉結びし、写真のような順でかがって上から下に糸をわたす。

POINT 糸をはりつめてかがると、もようをかがる際にバイアステープに穴があきやすくなるため、ゆったりめに糸をわたす。

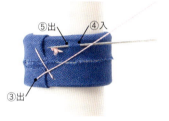

12

写真のように今度は下から上に糸をわたして、バイアステープを縫う。

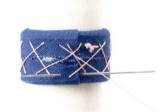

13

11〜12をくり返し、ぐるりと1周縫う。

POINT 上下に糸を交差させながらかがる、この縫いかたを「千鳥がけ」という。

14

スタート位置を1cm程度縫い重ねたら、玉止めをする。芯が完成。

地割りをする

15

和紙または幅1cmに切った紙を14の外周のサイズに合わせてカットする(この本では7cm)。
*本書のサイズでつくる場合は、地割り一覧(⇒p.95)をコピーして使用するのがおすすめ。

16

カバーの「地割りスケール」に15の紙をあてる(写真はコピーを使用)。紙の上隅をスケールのスタート位置にあてたら、反対側の上隅を、もように合わせたコマ数の目盛に合わせる。

17

スケールの目盛に合わせて分割の印をつける(写真左)。反対側の長辺も、定規を使って同じ分割の印をつける。

POINT 紙の長辺に対して、直角に印をつけるようにする。

真綿を巻く

18 14の芯に両面テープをつける。

19 17の印をつけた和紙(写真は地割り一覧を利用したもの)を芯に巻き、両端をぴったり合わせ両面テープでとめる。

20 真綿をほぐしてから指でつまむ。

21 そのまま長く引き出す。真綿は芯の幅の1cmよりやや細くなるようにする。

POINT 引き出す際、もう一方の手で真綿をしっかり持つ。

22 引き出した真綿の端を芯にあてたら、芯を回すようにして真綿をバランスよく巻きつける。

POINT 真綿を強くひっぱりながら巻くと、綿にツヤが出る。このツヤが出た状態で巻くのがポイント。

23 19の地割りの印が上下隠れない程度に、中央にやや厚みを持たせて真綿を巻いたら、真綿をちぎり、指でなじませる。

NG 真綿をひっぱらないと、ツヤが出ずふわふわのままになり、不安定な土台になる。

和紙を巻く

24 真綿の上から幅1cmに切った和紙を、なじませながら巻きつけ、両端をぴったり合わせるようにして、両面テープでとめる。

25 地割りの印が上下から確認できるよう、針の穴側を使って、真綿を和紙に、きれいに入れ込む。

26 バイアステープの布端を目印にして、赤丸でスタート位置を書く。右方向の矢印を1周書き入れ、進行方向の印をつける。

44

ゆびぬきのきほん 2
もようをかがる

土台ができたら、いよいよもようをかがりましょう。手縫い用の絹糸9号を1本どりで用意し、土台の地割りを目印に、ジグザグに糸をかがります。きほんのかがりかたを紹介します。

材料
土台
絹手縫い糸9号

糸を用意する

1 糸を引き出し、両側をひっぱったら、親指で糸を何度かはじく。すると、糸の折り山のクセが取れ、扱いやすいまっすぐな糸になる。

2 かがり糸は、100cm程度に切った絹糸を針に通す。1本どりで、糸端は玉結びしない。

かがりはじめ（返し針）

1 スタート位置の中央あたりに、横向きに針を入れ、近くから針を出す。糸端を少し残しつつ糸を引き出したら、出した位置に再度針を入れて元の位置から出す。

2 3〜4回 **1** をくり返して、なかの真綿に糸をからませる。残した糸端は、もようを1段分かがった段階で、糸端をひっぱりながら、土台ぎりぎりの位置で切る。

目印のコツ

わたした糸で土台の表面が埋まってくると、目印が見えにくくなるため、マスキングテープにスタートと進行方向を書き入れて、土台の内側に貼っておくとよい。

かがり終わり（返し針）

1 47ページ「色をかえる」の **1** の要領で、かがり目をつくらずにかがり終えたら、かがった糸を割らないように、針の穴側を使い、かがり終わりの近くで糸の間にすき間をつくる。

2 つくったすき間から1針すくい、刺しはじめと同様に返し針をする。

3 糸端をひっぱりながら、土台ぎりぎりの位置で糸を切る。

ゆびぬきのきほん 3
並刺し
(なみさし)

右方向に段を重ねる、基本のかがりかた。ゆびぬきは土台の上下に糸をわたしながら、表面を埋めるように糸をすき間なくかがりますが、並刺しは進行方向の右方向に1段ずつ増やしていきます。
＊写真では見やすいよう大きめの土台を使用。

1 かがりはじめの返し針（⇒p.45）をしたら、スタート位置になる土台上部に針を出す。

2 糸を引き出したら、スタート位置に今度は円の中心に向かって針をまっすぐ刺して針を出す。進行方向の左から右へ、針の下に糸をかける。

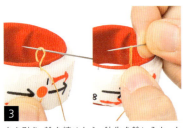

3 糸を引き、輪を縮めたら、針先を輪に入れ、かがり目を指で押さえながら、輪を上にキュッと引く。

 POINT かがり目がもたついたり、曲がったりしないよう、整えてからかがり目をつくる。

4 糸を下に引いて、かがり目をつくる。

 POINT 土台の縁に対して、かがり目が垂直になるようにするときれい。また、かがり目は強く引き締めず、ふわっとおさめる感覚で。

5 進行方向が左向きになるよう土台の上下をひっくり返し、2〜4の要領で土台の縁をすくって、進行方向の右から左へ糸をかけてかがる。

 POINT 下側は土台の上下を返してからかがるため、2で右向きだった進行方向も左向きになる。

6 2〜5をくり返して、進行方向に糸をかけながら土台を1周（1段分）かがる。

 **POINT** かがる際は土台に書いた矢印の向きを目印に、糸を針にかけてかがり進める。

7 スタート位置に戻ったら、はじめのかがり目の右隣（進行方向）に針を出して、同様にかがる。1段めが完成し、2段めのスタート位置になる。

POINT 縫いはじめのかがり目をまっすぐ整えてから、すぐ右隣に針を出すとよい。

8 2段め以降も同様に、土台を上下に返しながら進行方向にかがり目（段）を増やしていく。

ゆびぬきのきほん 4
開き刺し

左方向に段を重ねる、きほんのかがりかた。1段めは並刺しと同じ要領ですが、2段め以降、進行方向とは反対の左方向に1段ずつ増やしていきます。

1 並刺し（⇒p.46）の **1**〜**6** の手順で1段めをかがったら、かがりはじめのかがり目の左隣（進行方向とは反対側）に針を出し、進行方向の左から右に糸をかけて引き出す。

2 土台の上下をひっくり返し、1段めのかがり目の右隣（進行方向の反対側）に針を出して、進行方向に糸をかけて引き出す。これをくり返し、進行方向の反対側にかがり目（段）を増やしていく。

ゆびぬきのきほん 5
色をかえる

通常のかがり終わりや、色をかえる前の段の処理では、土台の縁にかがり目をつくらないようにするのがコツ。途中で糸が足りなくなった場合も、同じようにして糸をたします。

1 色をかえる前の段のかがり終わりの際、段のスタート位置のすぐ右隣に、上から下に向けて針を入れ、糸を引き出す。

POINT 色をかえる前の段は、かがり目をつくらずにかがり終える。

2 返し針をして **1** の糸を切ったら、次の糸を用意し、かがりはじめの処理（⇒p.45）をする。前の段のかがり目のすぐ右隣に針を出し、スタート位置にする。

ゆびぬきのきほん 6
糸目を整える

上から下、下から上に糸をわたす際、前の段に沿わせて糸目を整えながらかがることで、美しい糸の流れが生まれます。後からやるのはむずかしいので、必ず整えながらかがりましょう。

1 土台の上から下へ糸をわたし、次の目印をかがったら、かがり目を引き締める前に土台の上下を返す。

POINT 糸をわたすごとに、1回ずつ糸目（糸の方向）を整えること。

2 かがり目の輪に針先を入れ下に引きながら、もう一方の手の指でわたした糸目を整える。糸目を押さえたまま糸端を引き、かがり目を軽く締める。

並刺しでつくる
UROKOMOYOU
うろこもよう
p.6

二色うろこ

16コマ
2飛び
並刺し

●●●●● POINT ●●●●●

「1」と「2」を交互に並刺しでかがる、ビギナーさんの練習にもぴったりのゆびぬきです。最後にアクセントカラーの糸を1段加えることで、もようがグッと引き締まり、三角形の幾何学もようにも見えます。

材料

土台
都羽根絹手ぬい糸
● 158 ● 213 ● 214

土台

製図

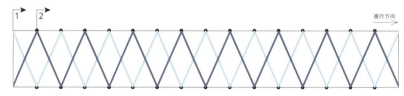

図案

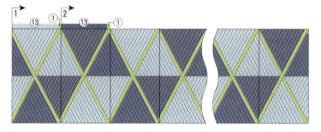

「1」の1段めをかがる

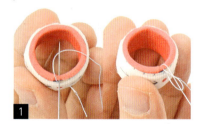

1 水色の糸を1本どりで用意し、製図の「1」の位置からかがりはじめる。土台の縁に針を刺し、進行方向の左から右に糸をかけて、かがり目をつくる。

2 2飛びのため、隣のコマを上下交互に1周ぐっとかがり、スタートのかがり目のすぐ右隣に針を刺してかがる。ここが2段めのスタート位置になる。16コマのため、かがり目は上下に8つずつできる。

「2」の1段めをかがる

3 水色の糸を休め(針はつけたままでもよい)、青色の糸を1本どりで用意し、製図の「2」の位置で、**1**のスタート位置の右隣のコマからかがりはじめる。

2段めをかがる

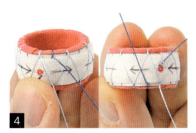

4
1〜**2**の要領で、土台の上下を返しながら、1コマずつ進行方向にぐるっとかがる。

5
かがりはじめの位置に戻ったら、スタートのかがり目のすぐ右隣に針を刺してかがる。ここが2段めのスタート位置になる。「**1**」と「**2**」の1段めができた。

6
青色の糸を休め、最初の水色の糸で、2段めをかがる。かがり目が前の段とすき間なく、まっすぐ並ぶように針を刺す。次に青色の糸でも2段めをかがる。

残りの段をかがり埋める

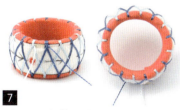

7
2段めをかがり終わったところ。

 POINT 上から見てかがり目が均等にまっすぐになっているか、残りのスペースが均等か、1段終わるごとに確認するとよい。上下とも同じように確認すること。

8
「**1**」の水色の糸と「**2**」の青色の糸を交互に1段ずつ、6段めまでかがったところ。

9
7〜13段めをかがったところ。最後の1段は糸をかえるため、水色と青色の糸は、色かえの処理をして(⇒p.47)、かがり終える(⇒p.45)。

アクセントカラーを刺す

10
黄緑色の糸を用意し、「**1**」の最後の段をかがる。

11
かがり目がいっぱいですき間が少ない場合は、針の穴側を使って前のかがり目を寄せて、すき間をつくるとよい。

12
「**2**」の最後の段も、同じ糸で続けてかがる。かがり終わりの糸処理をする(⇒p.45)。

49

開き刺しでつくる
HASUKAI
斜交
p.8

黄昏

10コマ
2飛び
並刺し
開き刺し

・・・・・・ POINT ・・・・・・

 は、進行方向とは反対の左方向にかがり目を増やしていく開き刺しでかがります。の並刺しと交互にかがり進めることで、交差点の部分に縦の直線が生ます。

材料
土台
都羽根絹手ぬい糸
● 15　● 111　● 131　● 146

土台

製図

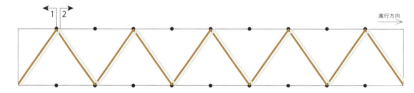

図案

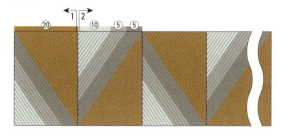

の1段めをかがる

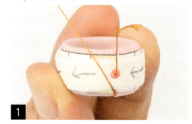

1 オレンジの糸を1本どりで用意し、製図ののスタート位置からかがりはじめる。2飛びのため、隣のコマを上下交互にぐるっと1周かがる。

2 スタートのかがり目のすぐ左隣に針を刺し、糸を進行方向（左から右）にかけてかがる。ここが2段めのスタート位置になる。オレンジの糸を休める。

2の1段めをかがる

3 薄グレーの糸を1本どりで用意し、製図の2の位置で、1のスタートのかがり目の、すぐ右隣からかがりはじめる。

2〜10段めをかがる

11〜15段めをかがる

4 土台の上下を返しながら、1コマずつ進行方向にぐるっと1周かがり、かがりはじめの位置に戻ったら、スタートのかがり目のすぐ右隣に針を刺してかがる。ここが2段めのスタート位置になる。

5 以降も、「1」のオレンジの糸と「2」の薄グレーの糸を交互に1段ずつかがる。オレンジのかがり目は、進行方向と反対の左に、薄グレーのかがり目は進行方向と同じ右に増えていく。

6 薄グレーの糸で10段かがったら、色かえの処理をして(⇒p.47)、かがり終える(⇒p.45)。グレーの糸を1本どりで用意し、オレンジの糸とグレーの糸を交互にさらに5段かがる。

16段めをかがる

残りの段を刺し埋める

7 グレーの糸は、色かえの処理をして(⇒p.47)、かがり終えておく(⇒p.45)。「1」のオレンジの糸はかえずに、同じ色で16段めをかがる。

8 濃グレーの糸を1本どりで用意し、「2」の16段めをかがる。

9 橙の糸とグレーの糸を交互にさらに4段かがり、土台の表面をかがり埋めたら、かがり終わりの糸処理をする(⇒p.45)。

ビギナーさんでも かんたん
開き刺しの裏ワザ

進行方向と糸をかける方向を反対にして、並刺しと同じやり方で、開き刺しを行うという裏ワザです。

POINT
通常の進行方向と反対になるため、手が慣れたら、正しい開き刺し (⇒ p.47) に挑戦しましょう。

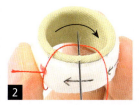

1 進行方向と反対(左に向かって)に、かがり進める。

2 針に糸をかける際も、糸は進行方向と反対にかけるようにする。

3 2段め以降のかがり目は、左右方向に増やしていく。かがり目が進行方向と反対方向に増えるため、糸がつって乱れやすいかがり刺しも、この方法なら並刺しと同じようにできる。

51

まわし刺しでつくる
KISSYOU
吉祥
p.10

青海波
（せいがいは）

9コマ
2飛び
並刺し
まわし刺し

 POINT

8コマ／2飛びなど、コマ数が飛び数で割り切れる製図は1周＝1段。一方、まわし刺しの製図は、はじめの位置に戻るまで2周以上かかり、それを1段と数えます。かがりかた自体は並刺しと同様です。

材料
土台
都羽根絹手ぬい糸
● 46 ● 79 ○ 126 ● 172 ● 175

土台

製図

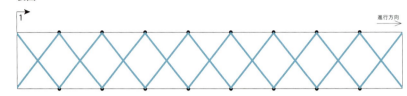

図案

1 の1段めをかがる

1
水色の糸を1本どりで用意し、製図の「1」のスタート位置からかがりはじめる。2飛びのため、隣のコマを上下交互にぐるっと1周かがる。

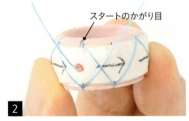

スタートのかがり目

2
1周したところ。スタートのかがり目に戻るまでもう1周かがる。

3
スタートのかがり目のすぐ右隣に針を刺してかがる。ここが2段めのスタート位置になる。

2～6段めをかがる

4
1～3をくり返し、2～6段めまで水色の糸でかがる。水色の糸は色かえの処理をして(⇒p.47)、かがり終える(⇒p.45)。

7段めをかがる

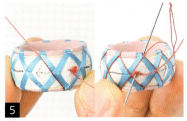

5
赤の糸を1本どりで用意し、水色のかがり目の、すぐ右隣から1段かがる。スタート位置に戻ったら、色かえの処理をする。

6
7段めまでかがり終わったところ。赤の糸はかがり終えて(⇒p.45)、休める。

8～13段めをかがる

7
薄グレーの糸を1本どりで用意し、赤のかがり目の、すぐ右隣からかがりはじめる。6段かがったら、色かえの処理をして、かがり終える。

14段めをかがる

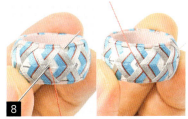

8
再び赤の糸で、薄グレーのかがり目の、すぐ右隣から1段かがる。スタート位置に戻ったら、色かえの処理をし、糸を休める。

15～20段めをかがる

9
濃紺の糸を1本どりで用意し、赤のかがり目の、すぐ右隣からかがりはじめる。6段かがったら、色かえの処理をして、かがり終える。

21段めをかがる

10
再び赤の糸で、濃紺のかがり目の、すぐ右隣から1段かがる。スタート位置に戻ったら、色かえの処理をし、糸を休める。

22～28段めをかがる

11
青色の糸を1本どりで用意し、赤のかがり目の、すぐ右隣からかがりはじめる。6段かがったら、色かえの処理をして、かがり終える。赤の糸で、青色のかがり目のすぐ右隣からかがりはじめる。

12
赤の糸で1段かがったら、かがり終わりの糸処理をする(⇒p.45)。

くぐり刺しでつくる
ICHIMATU
市松
p.11

櫻の市松

8コマ
2飛び
並刺し
くぐり刺し

・・・・・・ POINT ・・・・・・

かがった糸に、糸をくぐらせてわたすかがりかた。規則的にくぐらせる市松もようは基本ですが、不規則にくぐらせて、絵のように表現することもあります。くぐった部分がもようになります。

材料
土台
都羽根絹手ぬい糸
○ 17　● 28　● 124　○ 161

土台

製図

進行方向 →

図案

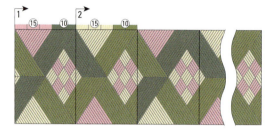

[1]の[2]の1〜5段めをかがる

[2]のスタート位置

1 ピンクの糸を1本どりで用意し、製図の[1]のスタート位置からかがりはじめる。2飛びのため、隣のコマを上下交互にぐるっと1周かがる。

2 ピンクの糸で続けて5段めまでかがったら、糸を休め、白の糸を1本どりで用意し、製図の[2]の位置で、[1]のスタート位置の右隣のコマから、同様にして5段かがる。

[1]の6〜10段めをかがる

3 白の糸を休め、再びピンクの糸で5段かがる。ピンクの糸は休める。

54

2 の6〜10段めをかがる

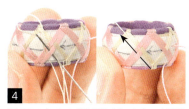

4 再び白の糸で、かがりはじめる。土台の上下を返し、白の糸がピンクの糸と交差する位置で、手前のピンクの糸を5段分くぐる。

 POINT 針は穴側から糸の下に差し入れて引き出す。

5 隣のコマをかがったら、土台の上下を返し、4と同様に白の糸がピンクの糸と交差する位置で、手前のピンクの糸を5段分くぐる。

6 4〜5をくり返し、白の糸で5段かがる。白の糸は休める。

1 の11〜15段めをかがる

2 の11〜15段めをかがる

7 ピンクの糸で、4〜5の要領で白の糸の手前の5段をくぐり、奥の5段はそのまま上をわたす。

8 ピンクの糸で15段めまで、7をくり返してくぐり刺しでかがったら、ピンクの糸は色かえの処理をして(⇒p.47)、かがり終える(⇒p.45)。

9 白の糸で、4〜5の要領でピンクの糸の手前と奥の5段はそのまま上をわたし、まんなかの5段分をくぐりながらかがる。

1 の 2 の残りをかがり埋める

10 白の糸で15段めまで、9をくり返してくぐり刺しでかがったら、白の糸は色かえの処理をして(⇒p.47)、かがり終える(⇒p.45)。

11 緑の糸を1本どりで用意し、ピンクのかがり目のすぐ右隣から 1 を1段かがり、続いて黄緑の糸を1本どりで用意し、白のかがり目のすぐ右隣から 2 を1段かがる。

12 1 の緑の糸と 2 の黄緑の糸を交互に1段ずつ、表面が埋まるまでかがったら、かがり終わりの糸処理をする(⇒p.45)。

重ね刺しでつくる
KOTOJI
琴柱
p.12

橙
_{だいだい}

16コマ
4飛び
並刺し
重ね刺し

 POINT

もようをかがった上に、さらに別のもようを重ねる手法です。図案では「」の高さによって、低いものから高いものへ、重ね刺しの順を表しています。

材料
土台
都羽根絹手ぬい糸
● 7　● 57　● 78　● 213　● 215

土台

製図
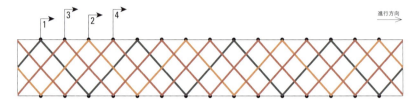

進行方向 →

図案
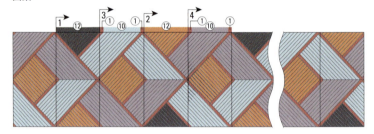

「1」をかがり埋める

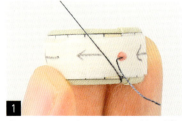

1 濃グレーの糸を1本どりで用意し、製図の「1」のスタート位置からかがりはじめる。4飛びのため、2つ先のコマを上下交互にぐるっと1周かがる。

2 濃グレーの糸で続けて12段めまでかがったら、かがり終わりの糸処理をする（⇒p.45）。

「2」をかがり埋める

3 オレンジの糸を1本どりで用意し、製図の「2」の位置で、**1**のスタート位置の右に2つ先のコマからかがりはじめる。「1」のもようと上下が交互になる。

3と4の1段めをかがる

4
オレンジの糸で続けて12段めまでかがったら、かがり終わりの糸処理をする。

5
赤の糸を1本どりで用意し、製図の3の位置で1のスタート位置の隣のコマから1段かがったら、はじめのかがり目の右隣に上から針を刺し入れ、中央あたりから出す。

 POINT　1は1コマ刺し埋めているため、3のスタート位置は濃グレーのかがり目のすぐ隣になる。

6
土台の中央に横向きに針を入れ、製図の4の位置で、2のスタート位置の隣のコマ近くに針を出したら、続いて4のスタート位置に針を出す。

POINT　3と4の1段めが同じ糸のため、続けてかがれるようになる。

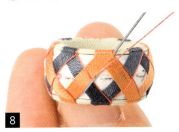

7
そのまま赤い糸で4を1段かがる。

8
スタート位置に戻ったら、はじめのかがり目の右隣に上から針を刺し入れて、中央あたりから出す。

9
オレンジのかがり目の左隣に針を出し、かがり目をつくってから、赤い糸を休ませる。3の最後の1段のスタート位置になる。

3と4の2〜11段めをかがる

3と4の12段めをかがる

10
水色の糸を1本どりで用意し、3の赤のかがり目のすぐ右隣から1段かがり、続いて藤色の糸を1本どりで用意し、4の赤のかがり目のすぐ右隣から1段かがる。

11
3の水色の糸と4の藤色の糸を交互に1段ずつ、10段めまでかがったら、かがり終わりの糸処理をする(⇒p.45)。

12
9の赤い糸を使い、5〜7の要領で3と4の最後の1段をかがったら、かがり終わりの糸処理をする。

57

YATARAJIMA

矢鱈縞

p.7

白菫
しろすみれ

8コマ
2飛び
並刺し

材料
土台
都羽根絹手ぬい糸
- 4
- 18
- 205
- 215

つくりかた
1. 「1」を表面が埋まるまでかがる。色は下の図案のようにかえる。

◆ COLOR VARIATION

菖蒲
しょうぶ

色	166	148	166	205	107	生成り	43
段	9	9	9	9	9	8	1

牡丹
ぼたん

色	150	74	86	163	165
段	7	7	11	11	11

＊各色の間に●18の糸を各1段かがる

UROKOMOYOU

うろこもよう

p.6

四色うろこ

16コマ
4飛び
並刺し

材料

土台
都羽根絹手ぬい糸
● 158 ● 208 ● 213 ● 214

つくりかた

1 「1」「2」「3」「4」を1段ずつ順に、表面が埋まるまでかがる。

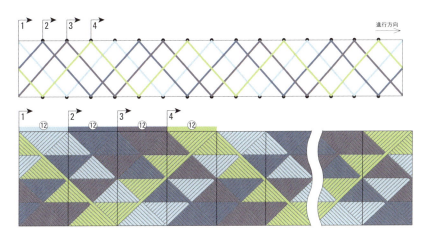

HASUKAI

斜交

p.8

炎

10コマ
2飛び
並刺し
開き刺し

材料

土台
都羽根絹手ぬい糸
● 18 ● 86 ● 125 ● 140
○ 生成り

つくりかた

1 「1」「2」を1段ずつ交互に、表面が埋まるまでかがる。色は下の図案のようにかえる。

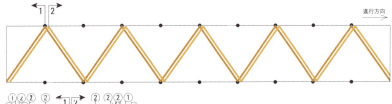

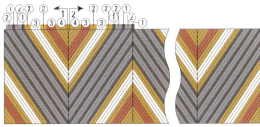

59

GENROKU
元禄
p.9

桃の元禄

25コマ
5飛び
並刺し 開き刺し

材料
土台
都羽根絹手ぬい糸
- 54 ● 152 ● 163 ● 211 ○ 白

つくりかた
1. 1・2・3・4を1段ずつ順に、表面が埋まるまでかがる。色は下の図案のようにかえる。3・4が先にかがり終わるが、1・2はそのままかがり続ける。

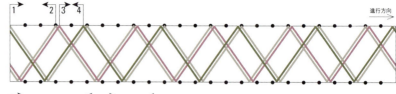

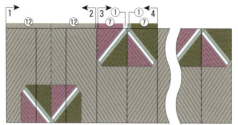

POINT
5飛びなど奇数飛びの場合は、半分の地点を目分量でかがります。目分量が心配な場合は、コマ数と飛び数を倍にすれば、半分の地点にも印ができて安心です。この作品だと50コマ／10飛びにします。

GENROKU
元禄
p.9

萌黄の元禄

24コマ
6飛び
並刺し 開き刺し

材料
土台
都羽根絹手ぬい糸
- 4 ● 112 ● 118

つくりかた
1. 1・2・3・4・5・6を1段ずつ順に、表面が埋まるまでかがる。

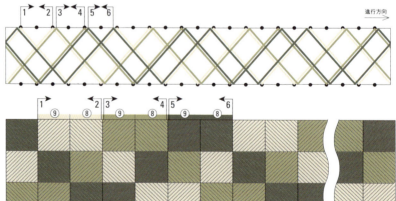

POINT 四角形をよりシャープに見せるため、1・3・5は最後に1段ずつ多めにかがります。

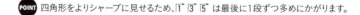

KISSYOU
吉祥
p.10

縦うろこ

11コマ
4飛び
並刺し 開き刺し まわし刺し

材料
土台
都羽根絹手ぬい糸
● 15 ● 60 ● 133 ● 218

つくりかた
1 "1""2"を1段ずつ交互に、表面が埋まるまでかがる。色は下の図案のようにかえる。

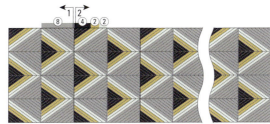

KISSYOU
吉祥
p.10

矢羽根

14コマ
4飛び
並刺し まわし刺し

材料
土台
都羽根絹手ぬい糸
● 86 ● 101

つくりかた
1 "1""2"を1段ずつ交互に、表面が埋まるまでかがる。

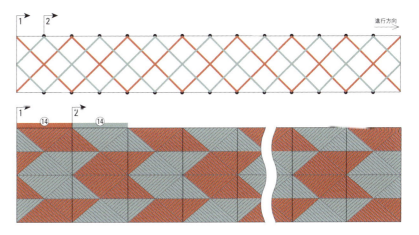

ICHIMATSU
市松
p.11

宵の市松

8コマ
2飛び
並刺し くぐり刺し

材料
土台
都羽根絹手ぬい糸
- 59　127　142　154　171
- 207　208　213　214　215

つくりかた
1. 「1」を3段かがり、「2」を3段かがる。
2. 「1」を下の図案のように色をかえながら、「1」「2」を3段ずつ交互に8回かがる。「櫻の市松」(⇒p.55) 4〜10を参照し互い違いになるように、もう一方の色をぐくり、9×9の市松もようをつくる。なお、最後の1段はくぐらない。

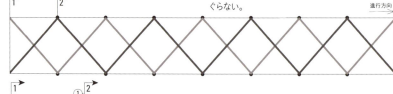

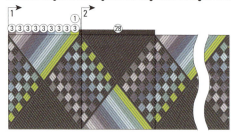

LACE
レース
p.14

パステル

27コマ
9飛び
並刺し 開き刺し くぐり刺し 重ね刺し

材料
土台
都羽根絹手ぬい糸
- 1　7　163　168
- 212　214　215

つくりかた
1. 「1」「2」の順にそれぞれ1コマが埋まるまでかがったら、「3」は「1」をくぐりながら1コマ埋まるまでかがる。
2. 「4」「5」「6」「7」「8」「9」を1段ずつ順に、表面が埋まるまでかがる。色は下の図案のようにかえる。

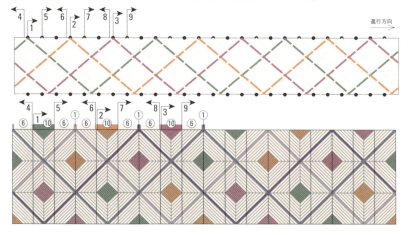

KOTOJI
琴柱
p.13

翠
_{みどり}

28コマ
8飛び
並刺し まわし刺し 重ね刺し

材料

土台

都羽根絹手ぬい糸

● 9　● 24　● 57　● 125　● 160

つくりかた

1. ①②の順にそれぞれ1コマが埋まるまでかがる。
2. ③④を1段ずつ交互に、表面が埋まるまでかがる。色は下の図案のようにかえる。

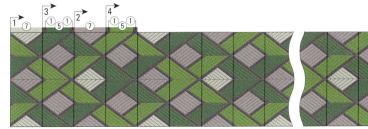

COLOR VARIATION

蒲公英
_{たんぽぽ}

孔雀

色	27	122	57	122	5	122	212	122
段	7	1	5	1	7	1	5	1

つくりかた

1. ①②の順にそれぞれ1コマが埋まるまでかがる。
2. ③を1コマが埋まるまでかがる。色は表のようにかえる。
3. ④をかがる。その際、③との交差点を1か所ずつくぐる(2か所ある内、↘方向は下側、↗方向は上側の交差点)。色は表のようにかえる。

色	157	15	13	15	110	15	125	15
段	7	1	5	1	7	1	5	1

＊ 上の「蒲公英」と同様につくる

LACE

レース

p.14

ヴァイオレット

7コマ
2飛び
並刺し 開き刺し まわし刺し くぐり刺し

材料

土台
都羽根絹手ぬい糸
● 208　● 214　○ 生成り

つくりかた

1. ①②を1段ずつ交互に、表面が埋まるまでかがる。色は下の図案のようにかえるが、紫を3段かがる際に、下の図案のように生成りを2段ずつかがる。
2. ②を1段かがる。

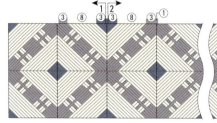

MULTI-COLOR

マルチカラー

p.17

万華鏡

25コマ
5飛び
並刺し 開き刺し 重ね刺し

材料

土台
都羽根絹手ぬい糸
○ 15　● 87　● 130　● 139　● 206

つくりかた

1. ①を1コマ埋まるまでかがる。
2. ②③④⑤を1段ずつ順に、表面が埋まるまでかがる。

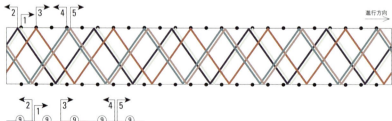

ORIENTAL

オリエンタル

p.15

翡翠(ひすい)

24コマ
4飛び
並刺し 開き刺し

材料

土台
都羽根絹手ぬい糸

● 79　● 142　● 145　● 160

つくりかた

1. ②③①④②③ の順に1段ずつかがり、それを5回くり返す。
2. ①④②③ の順に1段ずつかがる。

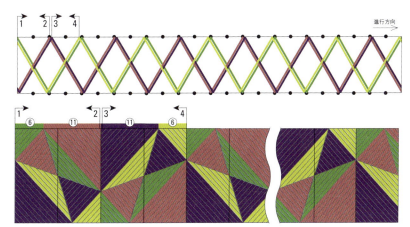

POINT
②③と①④の分量が「2:1」になるようにかがるのがポイントです。

COLOR VARIATION

紅袍(こうほう)

色	7	64	64	赤	赤	64	64	7
段	5	1	1	10	10	1	1	5

青花(せいか)

色	156	156	168	168
段	6	11	11	6

65

PATTERN

パターン

p.16

ハートブレイク グリーン

6コマ
2飛び
並刺し くぐり刺し

COLOR VARIATION

ハートブレイク ブラック

材料
土台
都羽根絹手ぬい糸
● 15　● 171　● 212

つくりかた
1. ①②を1段ずつ交互に、8段(コマの1/4程度)かがり、色をかえて①②を4段ずつ交互に4回かがる。
2. 色をかえ①②を1段ずつ交互に、表面が埋まるまでかがる。図案のようにくぐり刺しでハートのカーブを刺す。

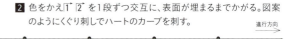

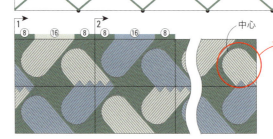

中心

→ ハート部分の糸色16段のまん中を中心とし、その中心から、3段めで ○15(または ●171)を4段分、4段めで8段分、5段めで12段分…1段増えるごとに左右2段ずつくぐる糸も増やす

色	817	白	817	817	213	817
段	8	16	2	8	16	8

＊ ●817はオリヅル絹9号糸

PATTERN

パターン

p.16

プリズム

24コマ
6飛び
並刺し 開き刺し

材料
土台
都羽根絹手ぬい糸
● 128　● 160　● 162　● 167
● 169　● 211　○ 白

つくりかた
1. 製図は「萌黄の元禄」(⇒p.60)を参照。①②③④⑤⑥を1段ずつ順に、表面が埋まるまでかがる。色は下の図案のようにかえる。

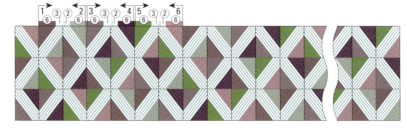

MULTI-COLOR
マルチカラー
p.17

ガーランド

18コマ
6飛び
並刺し くぐり刺し

材料

土台
オリヅル絹9号糸

- ● 4
- ● 33
- ● 34
- ● 138
- ○ 196
- ● 795
- ● 817

つくりかた

1. 1̄ 2̄ 3̄ 4̄ 5̄ 6̄ を1段ずつ順に、表面が埋まるまでかがる。下の「くぐる位置」のようにくぐり刺しする。2̄ 4̄ 6̄ の最後の1段は ↘ ですべてくぐる。

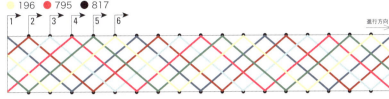

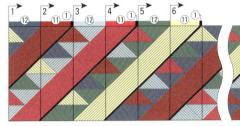

くぐる位置

	くぐる地点
1̄	↘ 2̄ 4̄ 6̄
2̄	↘ 4̄ 6̄ 2̄
3̄	↘ 4̄ 6̄ 2̄
4̄	↘ 6̄ 2̄ 4̄
5̄	↘ 6̄ 2̄ 4̄
6̄	↘ 2̄ 4̄ 6̄

MULTI-COLOR
マルチカラー
p.17

編み込み

18コマ
6飛び
並刺し くぐり刺し 重ね刺し

材料

土台
都羽根絹手ぬい糸

- ○ 1
- ● 16
- ● 33
- ● 50
- ● 172
- ● 175

つくりかた

1. 1̄ 2̄ 3̄ 4̄ 5̄ 6̄ を順に1コマずつ埋まるまでかがる。下の「くぐる位置」のようにくぐり刺しする。

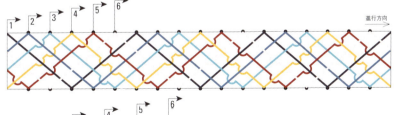

くぐる位置

	くぐる地点
3̄	2̄ すべて
4̄	1̄ 2̄ すべて
5̄	1̄ 4̄ すべて
6̄	3̄ 4̄ すべて

67

FLOWER

花

p.18

うす紅の睡蓮

12コマ
4飛び
並刺し 開き刺し

材料

土台
都羽根絹手ぬい糸
○ 1　○ 3　● 16　● 109　● 162

つくりかた

1. ①②③④を1段ずつ順に、2段かがる。
2. 色をかえ、②③を1段ずつ交互に5段かがり、①を5段、④を5段ずつ花の色をかえながらかがる。これを再度くり返した後、紺の糸で①〜④を1段ずつ順に表面が埋まるまでかがる。

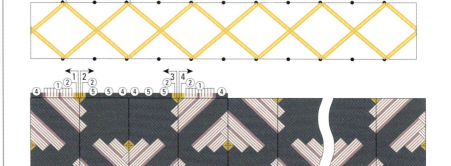

FLOWER

花

p.21

赤い薔薇(ばら)

12コマ
4飛び
並刺し 開き刺し くぐり刺し 重ね刺し

材料

土台
都羽根絹手ぬい糸
● 33　○ 41　● 157　○ 177

つくりかた

1. ①②③④を1段ずつ順に2段かがる。①④②③の順に5段ずつかがる。③をかがる際に①と④のAの位置をくぐり、これを2回くり返す。色は下の図案のようにかえる。
2. ⑤⑥⑦⑧を1段ずつ順にかがる。

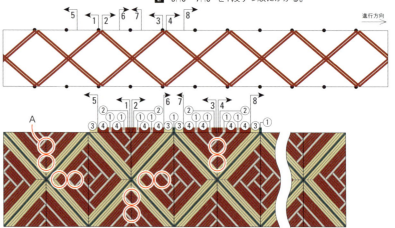

COLOR VARIATION

白い睡蓮

色	139	17	176	17	176	23	23	139
段	4	3	2	3	2	2	2	14

＊ ³ ⁴ は、左ページの「うす紅の睡蓮」との図案と同じように、上の表の配色をくり返す

白い薔薇

色	28	11	203	11	117	11	11	117	11	203	11	28	48
段	3	4	1	4	1	2	2	1	4	1	4	3	1

＊ ⁷ ³ ⁴ ⁸ は、左ページの「赤い薔薇」の図案と同じように、上の表の配色をくり返す
＊ ³ のくぐり刺しは中央の ¹ のみにする

FLOWER
花
p.19

クローバー

28コマ
8飛び
並刺し 開き刺し まわし刺し

材料
土台
都羽根絹手ぬい糸
● 4　● 74　● 90　● 156
● 175

つくりかた
1. ¹ ² ³ ⁴ を1段ずつ順に2段かがり、¹ ² は緑の糸にかえてから、さらに1段ずつ交互に2段かがる。
2. 下の図案のように色をかえながら、¹ ² を1段ずつ交互に1コマが埋まるまでかがった後、³ ⁴ を1段ずつ交互に表面が埋まるまでかがる。

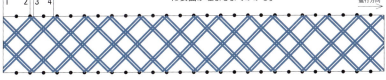

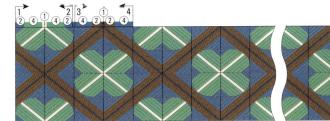

FLOWER
花
p.19

ビオラ パープル

16コマ
4飛び
並刺し 開き刺し 重ね刺し

材料
土台
都羽根絹手ぬい糸
● 24　● 65　● 113　● 145　● 177　● 215

つくりかた
1. ①②③④を1段ずつ順に、①②は9段、③④は8段かがる。色は下の図案のようにかえる。
2. ⑤⑥を1段ずつ交互に、表面が埋まるまでかがる。

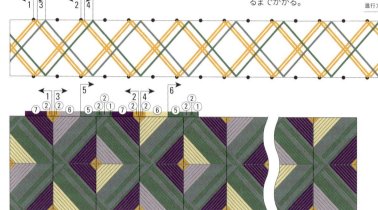

COLOR VARIATION

ビオラ ブルー

色	214	23	23	73	157	160	157	160	214	23	23	127	160	157	160	157
段	7	2	2	6	5	2	2	1	7	2	2	6	5	2	2	1

ビオラ レッド

色	147	5	5	165	118	95	118	95	147	5	5	162	95	118	95	118
段	7	2	2	6	5	2	2	1	7	2	2	6	5	2	2	1

FLOWER
花
p.20

すずらん

25コマ
5飛び
並刺し
開き刺し
くぐり刺し
重ね刺し

材料
土台
都羽根絹手ぬい糸
- 95 ● 124 ○ 生成り

つくりかた
1. 1˝を1コマが埋まるまでかがる。
2. 2˝3˝を1段ずつ交互に、表面が埋まるまでかがる。図案の位置を3段ずつくぐり、花の部分にする。色は下の図案のようにかえる。

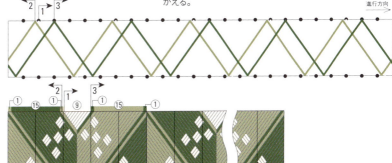

VEGETABLE
野菜
p.22

みょうが

45コマ
18飛び
並刺し
くぐり刺し
重ね刺し

材料
土台
都羽根絹手ぬい糸
- 51 ● 79 ● 95
- 102 ● 130 ● 142

つくりかた
1. 1˝を1コマが埋まるまでかがる。
2. 2˝3˝4˝5˝を1段ずつ順にかがる。下の「くぐる位置」のようにくぐり刺しし、色は下の図案のようにかえる。3˝4˝続いて2˝は先にかがり終わるが、5˝はそのまま表面が埋まるまでかがる。

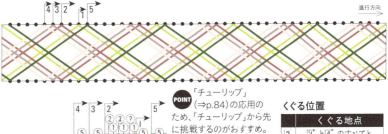

POINT 「チューリップ」(⇒p.84)の応用のため、「チューリップ」から先に挑戦するのがおすすめ。

くぐる位置

	くぐる地点
2	3˝と4˝のすべてと2˝の↗のとき↘をくぐる
3	4˝のすべてと3˝の↗のとき↘をくぐる
4	↗のとき↘をくぐる
5	残り3段は4˝の↘をくぐる

＊上側と下側も忘れずにくぐる

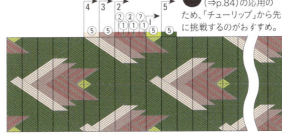

FLOWER
花
p.20

カーネーション ピンク

10コマ
3飛び
並刺し 開き刺し まわし刺し

材料
土台
オリゾル絹9号糸
- ● 89
- ● 93
- ○ 41 (ギッターマンメタリック糸)

つくりかた
1 "1""2"を3段ずつ交互に、表面が埋まるまでかがる。色は下の図案のようにかえる。

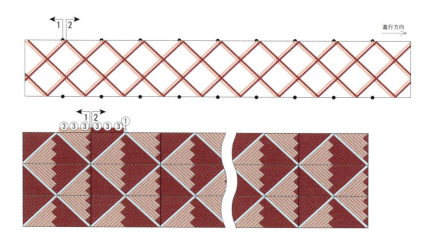

FLOWER
花
p.20

カーネーション ホワイト

21コマ
7飛び
並刺し

材料
土台
オリゾル絹9号糸
- ● 12
- ● 29
- ● 171
- ● 795

つくりかた
1 "1""2""3""4"を3段ずつ順に、表面が埋まるまでかがる。その際、"4"は先にかがり終わるが、"1"～"3"はそのままかがり続ける。

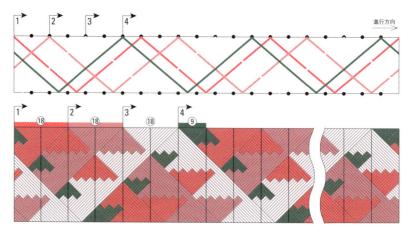

VEGETABLE

野菜

p.22

とうもろこし

12コマ
2飛び
並刺し
開き刺し
くぐり刺し
重ね刺し

材料
土台
都羽根絹手ぬい糸
● 16 ● 17 ● 124 ● 159 ● 176

つくりかた
1. 「1」「2」を3段ずつ交互に、9段かがる。ここにうす黄色の糸を交互にくぐらせ、点線に刺しゅうする。
2. 「3」「4」を1段ずつ交互に、表面が埋まるまでかがる。色は下の図案のようにかえる。

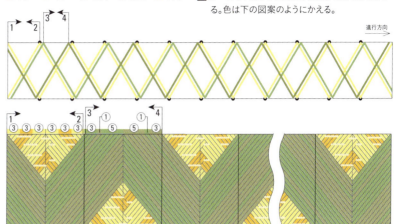

VEGETABLE

野菜

p.22

すいか

8コマ
2飛び
並刺し
くぐり刺し

材料
土台
都羽根絹手ぬい糸
● 4 ● 22 ● 38 ● 83 ● 100 ● 黒

つくりかた
1. 「1」を表面が埋まるまでかがる。色は下の図案のようにかえ、黒をかがるときにバランスよくくぐり刺しをして、種のようにする。

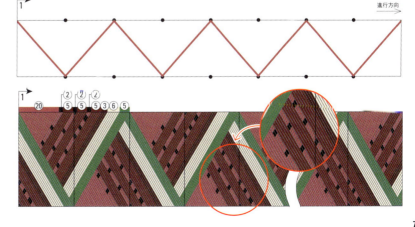

73

VEGETABLE
野菜
p.23

アスパラガス

なし
なし
並刺し

材料
土台
都羽根絹手ぬい糸
- 31　● 107　● 156　● 160　● 212

つくりかた
1. 「1」を垂直方向に刺し、色は下の図案のようにかえながら、表面が埋まるまでかがる。
2. アスパラガスの擬葉は、緑の糸を2本分ずつくぐるようにして刺しゅうする。

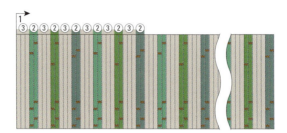

垂直方向にかがる目安として、16〜20コマの目印をつけると、まっすぐにかがりやすくなります。

VEGETABLE
野菜
p.23

トマト

30コマ
6飛び
並刺し 開き刺し

材料
土台
都羽根絹手ぬい糸
- 24　● 86　● 160

つくりかた
1. 「1」と「2」を1段、「3」を4段を1セットとし、それをくり返して表面が埋まるまでかがる。色は下の図案のようにかえる。

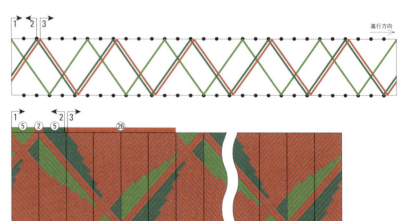

74

VEGETABLE

野菜
p.23

えだまめ

12コマ
4飛び
並刺し

材料

土台
都羽根絹手ぬい糸
● 94　● 160

つくりかた

1. [1]と[2]を交互に、表面が埋まるまでかがる。その際、下の〈カーブの出しかたの例〉のようにかがる段数を変えてカーブにする。

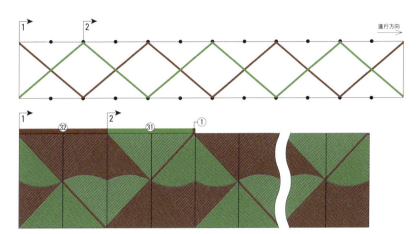

▶ **カーブの出しかたの例**　[1]と[2]の段数の組み合わせを変えることで、カーブが生まれます。

1　[1]を5段かがり、[2]を1段かがる。

2　[1]を4段かがり、[2]を1段かがる。

3　[1]を2段かがり、[2]を1段かがる。

4　[1]を1段かがり、[2]を1段かがる。

5　[1]を1段かがり、[2]を2段かがる。

6　[1]を1段かがり、[2]を4段かがる。

7　[1]を1段かがり、[2]を5段かがる。

8　[1]を1段かがり、[2]を1段かがる。えだまめひと山分できたところ。これをもう1度くり返す。

VIEWS
風景
p.24

青空

24コマ
6飛び
並刺し 開き刺し

材料

土台
都羽根絹手ぬい糸
● 15　● 43　○ 白

つくりかた

1. [1]〜[2]〜[3]〜[4]〜[5]〜[6]を1段ずつ順に2段かがり、[1]〜[2]〜[3]〜[4]を1段ずつ順に3段かがる。
2. [5]〜[6]を1段ずつかがり、[1]〜[2]〜[3]〜[4]を1段ずつ順に、1コマ埋まるまでかがる。[5]〜[6]を1段ずつ交互に表面が埋まるまでかがる。

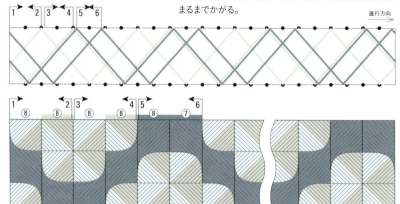

VIEWS
風景
p.24

入道雲

32コマ
8飛び
並刺し 開き刺し

材料

土台
都羽根絹手ぬい糸
● 15　● 153　○ 白

つくりかた

1. [1]〜[2]〜[3]〜[4]〜[5]〜[6]〜[7]〜[8]を1段ずつ順に2段かがり、[1]〜[2]〜[3]〜[4]〜[5]〜[6]を1段ずつ順に2段かがる。
2. [7]〜[8]を1段ずつかがり、[1]〜[2]〜[3]〜[4]〜[5]〜[6]を1段ずつ順に2段かがる。[7]〜[8]を1段ずつ交互に、表面が埋まるまでかがる。

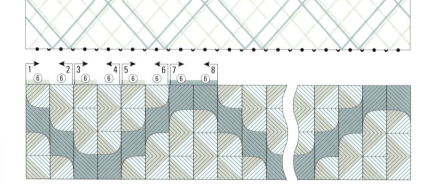

VIEWS
風景
p.25

ネオン グリーン

20コマ
10飛び
並刺し

COLOR VARIATION

ネオン ブルー

材料
土台
都羽根絹手ぬい糸
- 7
- 159
- 212
- 213
- 214

つくりかた
1. ①を4段、②を2段、③を1段、④を2段、⑤を1段、これを1セットとし、それをくり返して表面が埋まるまでかがる。
2. 最後に①〜⑤を1段ずつ順にかがる。

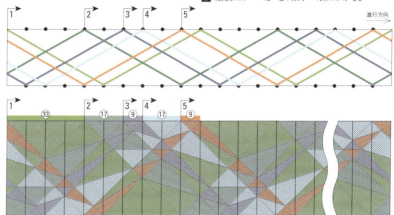

	1	2	3	4	5
色	50	175	16	172	121
段	33	17	9	17	9

POINT

飛び数が多く1度にわたす糸の距離が長くなるため、きれいにかがるのがむずかしい作品です。1コマに入れる段数をふだんより少なめに、糸を引きすぎず、土台のカーブに沿ってゆったりめにかがると、美しく仕上がるでしょう。

77

VIEWS
風景
p.25

流星の夜

8コマ
2飛び
並刺し くぐり刺し

材料
土台
都羽根絹手ぬい糸
- 16 ● 46 ● 50 ● 75 ● 149
- 150 ● 208 ● 214 ● 215
- 7026（ギッターマンメタリック糸）

つくりかた
1. 「1」を24段かがる。
2. 「1」を下の図案のように色をかえながら、さらに24段かがるが、その際、最初の10段は図案のようにくぐり刺しをして街のシルエットにする。
3. メタリック糸で垂直方向に、流れ星を刺しゅうする。

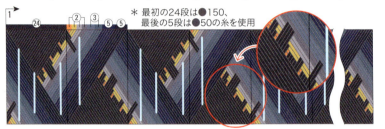

＊最初の24段は●150、最後の5段は●50の糸を使用

HALLOWEEN
ハロウィン
p.26

ハロウィン・ナイト

24コマ
8飛び
並刺し くぐり刺し 重ね刺し

材料
土台
都羽根絹手ぬい糸
- 35 ● 55 ● 58 ● 59 ● 60 ● 145
- 150 ● 169 ● 176 ● 217 ● 赤

つくりかた
1. 「1」～「4」を1段ずつ順に、1コマが埋まるまでかがる。
2. 「5」を下の図案のように色をかえながら、さらに32段かがるが、その際、図案のようにくぐり刺しをして墓地のシルエットにする。

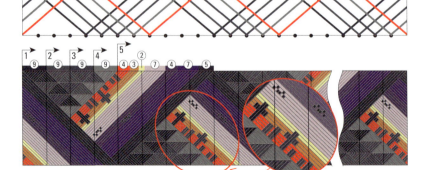

HALLOWEEN
ハロウィン
p.26

おばけ

35コマ
7飛び
並刺し 開き刺し くぐり刺し

材料
土台
都羽根絹手ぬい糸
● 7 　○ 15 　○ 17
○ 127 　○ 176 　● 黒

つくりかた

1. ①②③④ を1段ずつ順に4段かがり、①は④をAの位置でくぐる。
2. ③④ を1段ずつかがる。
3. ①の要領で1段かがる。③④を1段ずつ交互に5段かがる。再度①の要領で1段かがる。
4. 色をかえながら、③④を1段ずつ交互に、表面が埋まるまでかがる。グレーの糸で目と口を刺しゅうする。

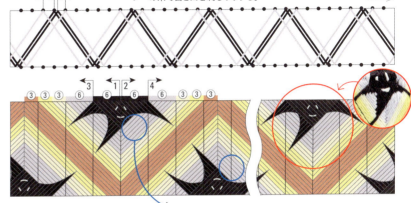

CHRISTMAS
クリスマス
p.27

トナカイ

16コマ
4飛び
並刺し 開き刺し くぐり刺し

材料
土台
都羽根絹手ぬい糸
○ 15 　● 66 　● 80 　○ 123 　● 202
● 207 　● 黒 　● 901（フジックスメタリックミシン糸）

つくりかた

1. ①② を1段ずつ交互に7段かがる。
2. 下の図案のように色をかえながら、表面が埋まるまでかがるが、その際、図案のようにくぐり刺しをしながら角を描く。また、表面を埋める前に、黒と赤の糸で目と鼻を刺しゅうする。

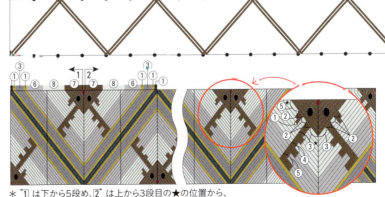

＊①は下から5段め、②は上から3段目の★の位置から、各段右のようにくぐり刺しをはじめる

79

CHRISTMAS
クリスマス

p.27

サンタのブーツ

18コマ
6飛び
並刺し 開き刺し くぐり刺し

材料

土台
都羽根絹手ぬい糸
- 29　● 33　● 95　○ 白
○ 902（フジックスメタリックミシン糸）

つくりかた

1. ①→②→④ の順に1段ずつかがる。次に ①→② を1段ずつ交互に3段かがってから、④ を1段、これを1セットとし、それをくり返して ①→② が1コマ埋まるまでかがる。
2. ④→③ を6段ずつ交互に3回かがる。その際 ③ は ① の手前3段先からAをくぐる。④ の6段には 1 の4段分を含んで数える。
3. ③ を白で表面が埋まるまでかがる。その際、④ の18段と ③ の15段のBをくぐる。

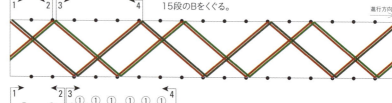

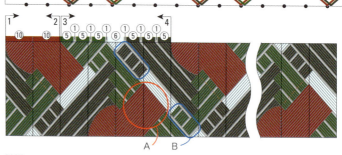

CHRISTMAS
クリスマス

p.27

クリスマスツリー

20コマ
5飛び
並刺し 重ね刺し

材料

土台
都羽根絹手ぬい糸
● 29　● 149　● 160　● 165　● 212
○ 生成り　○ 901（フジックスメタリックミシン糸）

つくりかた

1. ①→②→③ を1段ずつ順に1コマが埋まるまでかがる。
2. ④ を1コマが埋まるまでかがる。オレンジと紫の糸でツリーの飾りを刺しゅうする。

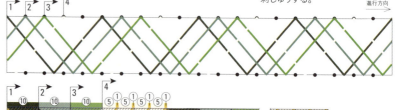

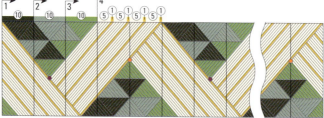

THE LITTLE MERMAID
人魚姫
p.29

人魚 イエロー

25コマ
10飛び
並刺し
開き刺し
くぐり刺し
重ね刺し

材料

土台
都羽根絹手ぬい糸
● 43　● 75　● 138　● 158　● 160
● 8001（ギッターマンメタリック糸）

つくりかた

1. 1→2を1段ずつ交互に中央でぶつかるまでかがる。色は下の図案のようにかえる。
2. 3→4を1段ずつ交互に中央でぶつかるまでかがる。図案のA位置はくぐり刺しをする。

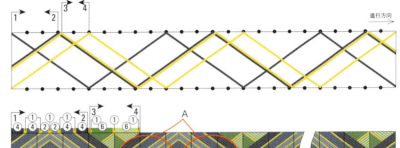

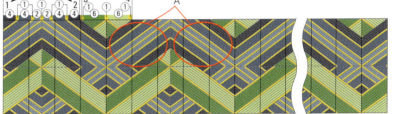

COLOR VARIATION

人魚 ピンク

色	157	9	157	9	157	157	9	157	9	157	902	163	902	147	902
段	4	1	4	1	2	2	1	4	1	4	1	6	1	6	1

＊ ● 902はフジックスメタリックミシン糸

ALICE IN WANDERLAND
不思議の国のアリス
p.28

ハートの女王

16コマ
4飛び
並刺し
開き刺し
くぐり刺し
重ね刺し

材料
土台
都羽根絹手ぬい糸
● 33　● 60　● 140　○ 白

つくりかた
1. ②を1段かがり、①②を1段ずつ交互に1コマかがる。
2. ③を表面が埋まるまでかがる。その際、「くぐり絵の図案」「くぐり絵のかがりかた」を参照し、トランプの柄をかがる。また、③の1段めのグレーは、すき間をあけておき、最後にかがるとくぐる手間がなくなる。

進行方向

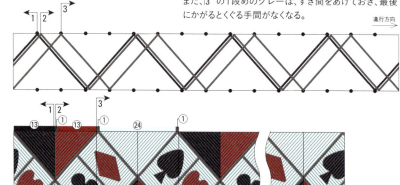

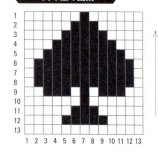
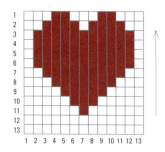

くぐり絵の図案

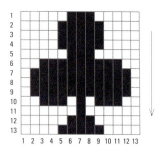
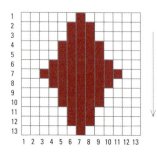

POINT

くぐり絵を美しく仕上げるには、くぐる糸とわたす糸の段数を正確に数えて、くぐり刺しを行うことがたいせつです。針の穴側を糸にそっとあてて、糸を1本ずつ数えましょう。

もようができ上がる方向

82

◆ くぐり絵のかがりかた　くぐり刺しでも各段のくぐる段数を細かく決めることで、より精密な絵柄を生み出すことができます。

1

¹¯|²¯を1コマかがり、³¯を6段かがったところ。ここからくぐり刺しスタート。

2

¹¯の糸を3段おいて、3段くぐる（スペードの下辺部分）。くぐる際は針の穴側から。

3

²¯の糸（グレー）をくぐる（カードの仕切り部分）。この糸は必ずくぐるようにする。

4

❹ ²¯の糸を5段おいて、1段くぐる（ハートの下辺部分）。

5

土台の上下を返し、❷〜❹と図案を参照して、スペードとダイヤの上辺部分をくぐる。

6

図案を参照し、所定の糸と段数をくぐり刺しする。12段めまでかがったところ。

7

16段めまでかがったところ。

8

18段めでくぐり刺しが終わり、残りは並刺しでかがる。

THE LITTLE MERMAID
人魚姫
p.29

くらげ

8コマ
2飛び
並刺し
重ね刺し
くぐり刺し

材料

土台
都羽根絹手ぬい糸
○ 15　● 46　● 173

つくりかた

❶ 下の図案のように色をかえながら、¹¯を1コマが埋まるまでかがる。その際、上側をくぐる。

❷ ²¯を表面が埋まるまでかがる。その際、1段めで¹¯の10〜15段めをくぐり、以降各段図案のようにくぐり刺しをして、くらげにする。

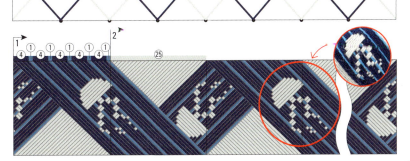

THUMBELINA
おやゆび姫
p.30

チューリップ オレンジ

20コマ
8飛び
並刺し
開き刺し
まわし刺し
くぐり刺し
重ね刺し

材料

土台

都羽根絹手ぬい糸

- ● 16
- ● 79
- ● 149
- ● 212
- ● 213

つくりかた

1. 「1」を1コマが埋まるまでかがる。色は図案のようにかえる。
2. 「2」「3」を1段ずつ交互に、↗の方向をかがるときに↘の糸をくぐりながら7段かがる。「2」の残りをかがる。色は図案のようにかえる。
3. 「4」を表面が埋まるまでかがる。色は図案のようにかえる。
4. 緑の糸で茎を刺繍する。

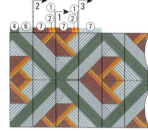

CINDERELLA
シンデレラ
p.31

ビビデバビデブゥ ピンク

12コマ
2飛び
並刺し
くぐり刺し

材料

土台

都羽根絹手ぬい糸

- ● 16
- ● 25
- ● 71
- ● 147
- ● 168
- ● 172

つくりかた

1. 「1」を3段ずつ、下の図案のように色をかえながら計15段かがる。
2. 背景のピンク色にかえ、3段かがる。3段ずつくぐる位置をかえながら、計18段(3段×6回)かがる。最後の1段はくぐらずに終える。

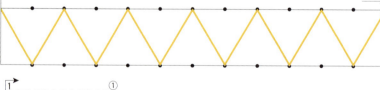

COLOR VARIATION

チューリップ ピンク

色	95	171	あじさい	白	163	164	171
段	4	6	10	7	2	1	7

＊ あじさいは、オリヅルパッチワークいと中細

ビビデバビデブゥ ネイビー

色	172	158	161	127	176	48
段	3	3	3	3	3	22

THUMBELINA
おやゆび姫
p.30

つばめ

35コマ
14飛び
並刺し まわし刺し

材料
土台
都羽根絹手ぬい糸
● 58　● 79　● 154　○ 生成り

つくりかた

1　「1*」を1段、「3*」を2段、「1*」を1段、「3*」を2段、「2*」を1段、を1セットとし4回くり返す。

2　「1*」を1段、「3*」を2段、「2*」を1段かがり、「3*」を表面が埋まるまでかがる。赤と生成りの糸で、赤、白の部分を刺しゅうする。

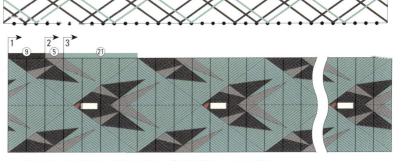

＊ 図案内●と●の部分は、実際はどちらも●58の濃グレーの糸を使用

CINDERELLA

シンデレラ

p.31

ガラスの靴

8コマ
2飛び
並刺し くぐり刺し

材料

土台
都羽根絹手ぬい糸
- 15　● 25　● 43　● 46　● 154
● 214　○ 白　● 902（フジックスメタリックミシン糸）

つくりかた

1. 下の図案のように色をかえながら、「1ˇ」「2ˇ」を5段ずつ交互にかがる。その際、「2ˇ」の16～20段めで、くぐり刺しをして図のようにガラスの靴にする。

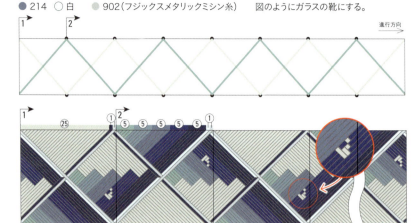

RAPUNZEL

ラプンツェル

p.32

三つ編み

18コマ
6飛び
並刺し くぐり刺し 重ね刺し

材料

土台
都羽根絹手ぬい糸
● 18　● 65　● 107　● 218

つくりかた

1. 下の図案のように色をかえながら、「1ˇ」「2ˇ」をそれぞれ2コマが埋まるまでかがる。
2. 「3ˇ」を2コマが埋まるまでかがるが、その際、「1ˇ」をすべてくぐる。

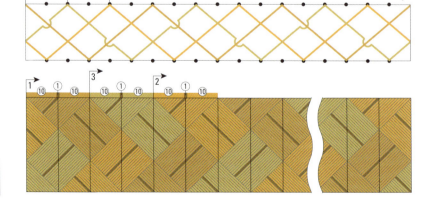

RAPUNZEL

ラプンツェル

p.32

魔女の庭

12コマ
4飛び
並刺し
開き刺し
くぐり刺し
重ね刺し

材料

土台
都羽根絹手ぬい糸

● 9　● 22　● 88　● 92　● 159

つくりかた

1. ①④②③の順に12段ずつかがる。色は下の図案のようにかえる。③をかがる際に①をくぐる。
2. ⑤⑥⑦⑧を1段ずつ順にかがる。

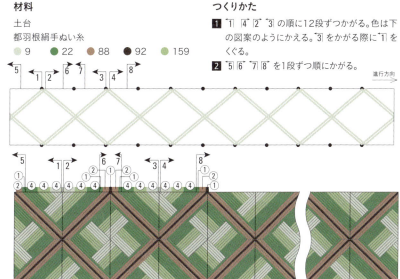

SNOW WHITE

白雪姫

p.33

毒りんご

25コマ
5飛び
並刺し
開き刺し
くぐり刺し

材料

土台
都羽根絹手ぬい糸

● 36　● 45　● 63　● 157　● 165

つくりかた

1. 色をかえながら、①②③④を1段ずつ順に4段かがる。
2. ①②を1段ずつ交互に3段かがり、③④を1段かがる。続いて、①②を1段ずつ交互に2段かがり、③④を1段かがる。うす茶と緑の糸で、茎と葉を刺しゅうする。③④を1段ずつ交互に表面が埋まるまでかがる。その際、最後の2段は①②をくぐる。

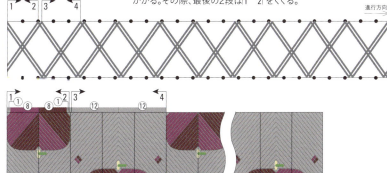

SNOW WHITE

白雪姫

p.33

魔女

30コマ
10飛び
並刺し くぐり刺し

材料

土台
貼りつけスワロフスキーラインストーン
都羽根絹手ぬい糸

○ 15　● 34　● 150

つくりかた

1. ｢1｣～｢6｣を下の｢指の長さとカーブの段数表｣のように、順番を変えながらかがり、｢1｣～｢5｣のコマが埋まったら、｢6｣を表面が埋まるまでかがる。
2. 赤い糸で爪を刺しゅうしてから、指の好みの位置に、貼りつけスワロフスキーラインストーンを貼る。

指の長さとカーブの段数

1	｢6｣｢1｣～｢5｣の順に1段ずつかがる	2回
2	｢6｣を2段、｢1｣～｢5｣を1段ずつ順にかがる	1回
3	｢6｣を4段、｢1｣～｢5｣を1段ずつ順にかがる	1回
4	｢6｣を4段、｢1｣を1段かがる	1回
5	｢6｣を1段、｢1｣を1段かがる	1回
6	｢6｣を10段かがる	1回
7	｢2｣～｢5｣を1段ずつ順にかがる	1回
8	｢5｣を1段かがる。その際、｢6｣を4段くぐる	1回
9	｢6｣を4段かがる	1回
10	｢2｣～｢4｣を1段ずつ順にかがる	1回

HANSEL AND GRETEL
ヘンゼルとグレーテル
p.34

ワッフル

36コマ
12飛び
並刺し 開き刺し

材料
土台
都羽根絹手ぬい糸
○ 17　● 25　● 88　○ 生成り

つくりかた
1. $\boxed{1}$〜$\boxed{10}$を1段ずつ順に、3段かがる。$\boxed{1}$〜$\boxed{8}$を1段ずつ順に、1コマが埋まるまでかがる。色は下の図案のようにかえる。
2. $\boxed{9}$$\boxed{10}$を1段ずつ交互に、表面が埋まるまでかがる。色は下の図案のようにかえる。

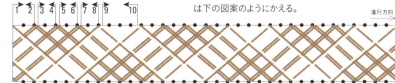

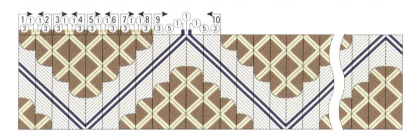

HANSEL AND GRETEL
ヘンゼルとグレーテル
p.34

チョコレート

30コマ
10飛び
並刺し 開き刺し 重ね刺し

材料
土台
都羽根絹手ぬい糸
● 33　● 39　● 74　○ 126

つくりかた
1. $\boxed{1}$$\boxed{2}$$\boxed{3}$$\boxed{4}$$\boxed{5}$$\boxed{6}$を1段ずつ順に、1コマが埋まるまでかがる。色は下の図案のようにかえる。
2. $\boxed{7}$を2コマが埋まるまでかがる。その際、Aの部分をくぐり、チョコを上にする。
3. $\boxed{8}$を2コマが埋まるまでかがる。

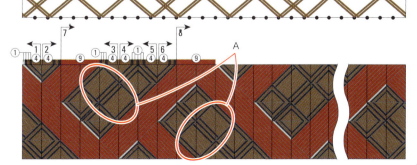

HANSEL AND GRETEL
ヘンゼルとグレーテル
p.34

キャンディ ピンク

10コマ
2飛び
並刺し くぐり刺し

材料
土台
都羽根絹手ぬい糸
● 4　● 14　● 83

つくりかた
1　「1」を表面が埋まるまでかがる。↗の方向のとき、↘をすべてくぐる。色は下の図案のようにかえる。

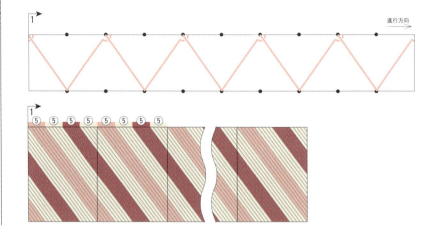

THE SNOW QUEEN
雪の女王
p.35

氷の欠片

24コマ
6飛び
並刺し 開き刺し

材料
土台
都羽根絹手ぬい糸
● 8　● 44　● 121　● 137　● 138　● 139
● 902（フジックスメタリックミシン糸）

つくりかた
1　「1」「2」「3」「4」「5」「6」を1段ずつ順番に気をつけながらかがる。

＊ ●902のメタリック糸は「3」「4」の最後の1段で使用

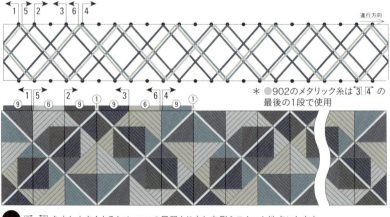

POINT　「5」「6」を少し小さくするため、コマの目印より少し内側をスタート地点にします。

90

THE SNOW QUEEN
雪の女王
p.35

雪の結晶 ネイビー

11コマ
2飛び
並刺し
開き刺し
まわし刺し
くぐり刺し
重ね刺し

材料

土台
都羽根絹手ぬい糸
- ● 46 ● 50 ○ 白
- 6001（ギッターマンメタリック糸）

つくりかた

1. 本来のスタート位置の左右を合計5段分空けてから（⁶7⁷を刺すスペース）、¹1²2を1段ずつ交互に、表面がほぼ埋まるまでかがる。

2. ³3⁴4⁵5を1段ずつ順に1コマが埋まるまでかがる。⁶6⁷7を1段ずつ交互に、すき間が埋まるまでかがる。

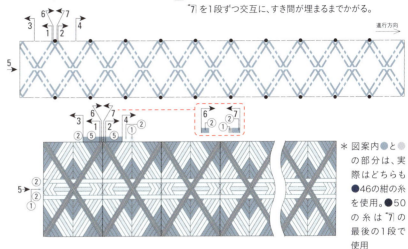

* 図案内●と●の部分は、実際はどちらも●46の紺の糸を使用。●50の糸は⁷7の最後の1段で使用

COLOR VARIATION

キャンディ ポップ

色	生成り	158	生成り	172	生成り	161	生成り	122
段	3	2	3	2	3	2	3	2

雪の結晶 ブルー

色	白	73	73	73	73	白	902	白	902	白
段	2	5	3	2	5	2	1	2	1	2

* ● 902はフジックスメタリックミシン糸

LITTLE RED RIDING HOOD
赤ずきん
p.36

おおかみ

20コマ
4飛び
並刺し 開き刺し くぐり刺し

材料

土台
都羽根絹手ぬい糸
- 🟢 22
- 🟤 39
- 🟢 80
- 🟤 94
- 🔵 173
- ⚪ 白
- ⚫ 黒
- 🔴 赤

つくりかた

1. "1" "2" "3" "4" を1段ずつ順に、表面が埋まるまでかがる。その際、下の「変則部分表」を参照し、刺しかたを変える。また、すべてを刺し終える前に、白と黒の糸で目を、赤の糸で舌を刺しゅうする。

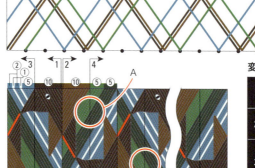

変則部分

1	"2" は "4" の下になるようAの位置をくぐり刺しする
2	8〜10段めは "1" "2" だけ先に1段ずつ交互にかがる
3	"3" は8〜10段めをかがる際、"1" の外側の1段をくぐる（尖った耳になる）

LITTLE RED RIDING HOOD
赤ずきん
p.36

赤ずきん

7コマ
2飛び
並刺し 開き刺し まわし刺し くぐり刺し

材料

土台
都羽根絹手ぬい糸
- 🟢 22
- 🔴 33
- 🟤 66
- 🟫 86
- ⚪ 116
- ⚫ 黒
- 🔴 666（DMC25番刺しゅう糸）

つくりかた

1. "1" "2" を1段ずつ交互に4段かがる。"1" を2段、"2" を1段かがる。"1" を3段、"2" を1段かがる。
2. "2" を6段かがる。"1" を2段、"2" の髪の毛になる部分Aをくぐりながらかがる。色は下の図案のようにかえる。
3. "2" の残りをかがる。黒とうす赤の糸で、目と口を刺しゅうする。リボンは赤の刺しゅう糸で蝶結びをつくり、縫いとめる。

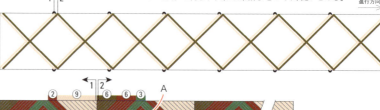

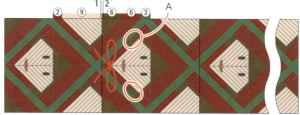

BEAUTY AND THE BEAST
美女と野獣
p.37

深紅の薔薇(ばら)

12コマ
4飛び
並刺し
開き刺し
くぐり刺し
重ね刺し

材料

土台
都羽根絹手ぬい糸
- ● 22
- ● 106
- ● 148
- ● 165
- ● 205
- ● 220
- ● 901(フジックスメタリックミシン糸)

つくりかた

1. ①②③④を1段ずつ順に2段かがる。①④②③の順に4段ずつかがり、それを2回くり返す。③をかがる際は①をくぐる。色は下の図案のようにかえる。
2. ⑤⑥⑦⑧を1段ずつ交互にかがる。

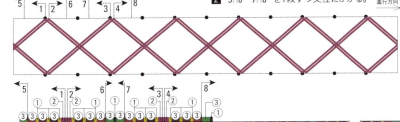

BEAUTY AND THE BEAST
美女と野獣
p.37

真実の愛

6コマ
2飛び
並刺し
くぐり刺し

材料

土台
都羽根絹手ぬい糸
- ● 25
- ● 34
- ● 148

つくりかた

1. ①②を1段ずつ交互に、8段(コマの1/4程度)かがり、色をかえて①②を4段ずつ交互に4回かがる。
2. 色をかえ、①②を1段ずつ交互に、表面が埋まるまでかがる。その際、くぐり刺しでハートのカーブをつくる(p.66参照)。

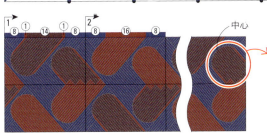

ハート部分の糸色16段のまん中を中心とし、その中心から、3段で●34(または●148)を4段分、4段で8段分、5段めで12段分…1段増えるごとに左右2段ずつくぐる糸も増やす

COLUMN
コラム
p.38

バングル

75コマ
5飛び
並刺し 開き刺し くぐり刺し

材料
土台(高さ1.1cm×円周21cmで土台をつくる)
都羽根絹手ぬい糸
- 51　● 86　● 157　● 202　● 216

つくりかた
1. 「毒りんご」(⇒p.87)の製図＆図案と、手順を参照し、下記の配色で表面が埋まるまでかがる。
2. うす茶と黄緑の糸で、茎と葉を刺しゅうする。

色	157	202	86	157	157	157
段	1	8	8	1	12	12

(↑1　↑2　↑3　↑4)

COLUMN
コラム
p.38

ピアス

ピアス金具
9ピン
ビーズキャップ
ビーズキャップ
チャーム

12コマ
4飛び
開き刺し

材料
土台 2個(高さ1.5cm×円周3.1cmで土台をつくる)
都羽根絹手ぬい糸
● 34　○ 白　● 黒

ピアス金具…1ペア
ビーズキャップ(土台の穴の径に合わせたもの)…4個
好みのチャーム…2個
9ピン(4cm)…2個

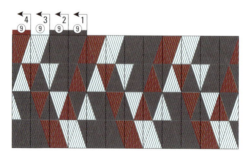

つくりかた
1. 1・2・3・4を順に1段ずつ順に、表面が埋まるまでかがる。
2. ビーズキャップを土台の上下につけ、9ピンを中央に通し、ピアス金具とチャームをつなげる。

POINT
「四色うろこ」(⇒p.59)のように、すべて並刺しでかがり、金具をつける際に上下逆さにしてもよいでしょう。

色	34	白	白	黒
段	9	9	9	9

(↑4　↑3　↑2　↑1)

地割り一覧

この本で制作している、ゆびぬきのサイズ（真綿を巻く前の土台・外周7cm）
の地割りです。コピーしてから帯状に切り抜いて使います（⇒ p.44）。
自分の指のサイズに合わせてつくる際は、外周÷分割数で計算して、等分の印
をつけましょう。

寺島綾子

幼いころからお裁縫が大好きで、ぬいぐるみや刺繍を施した布小物など、さまざまなものを手づくりしているなか、加賀てまり、加賀ゆびぬきに出会う。小手毬の会・小出孝子先生、加賀ゆびぬきの会・大西由紀子先生に師事。各地でてまりやゆびぬきのレッスンを行う傍ら、イベント等で作品の制作、販売も行っている。著書に『小さなてまりとかわいい雑貨』『宝石みたいなてまりとくらしの小物』（いずれも日本文芸社）。

http://inuinunuinui.cocolog-nifty.com/ayakumapu/

協力	窪島結子
	藤崎諒子
撮影協力	finestaRt
	東京都目黒区碑文谷4-6-6
	TEL 03-5734-1178
スタッフ	撮影　masaco
	天野憲仁（株式会社日本文芸社）
	スタイリング　鈴木亜希子
	デザイン　糟谷一穂
	トレース&DTP　WADE手芸部
	編集　土屋まり子（株式会社スリーシーズン）
	プリンティングディレクション
	丹下善尚（図書印刷株式会社）

愛（あい）らしい
加賀（かが）のゆびぬき

2017年2月20日　第1刷発行

著　者　寺島綾子（てらじまあやこ）
発行者　中村　誠
印刷所　図書印刷株式会社
製本所　図書印刷株式会社
発行所　株式会社日本文芸社
　　　　〒101-8407　東京都千代田区神田神保町1-7
TEL　03-3294-8931（営業）03-3294-8920（編集）
Printed in Japan　112170201-112170201　Ⓝ 01
ISBN978-4-537-21451-2
URL http://www.nihonbungeisha.co.jp/

Ⓒ Ayako Terajima 2017

印刷物のため、作品の色は実際と違って見えることがあります。ご了承ください。

本書の一部、または全部をホームページに掲載したり、本書に掲載された作品を複製して店頭やネットショップなどで無断で販売することは、著作権法で禁じられています。

乱丁・落丁本などの不良品がありましたら、小社製作部宛にお送りください。送料小社負担にておとりかえいたします。法律で認められた場合を除いて、本書からの複写・転載（電子化を含む）は禁じられています。また、代行業者等の第三者による電子データ化及び電子書籍化は、いかなる場合も認められていません。

（編集担当：角田）